Diplomacy

施密特
未来强国

Die Machte der Zukunft--Gewinner und Verlierer der Welt von Morgen

【德国】赫尔穆特·施密特（Helmut Schmidt）◎著

梅兆荣　曹其宁　刘昌业　马晋生◎译　　梅兆荣◎校

海南出版社
HAINAN PUBLISHING HOUSE

Die Machte der Zukunft--Gewinner und Verlierer der Welt von Morgen
by Helmut Schmidt

版权合同登记号：图字：30-2014-136 号
图书在版编目 (CIP) 数据

施密特：未来强国 / (德) 施密特 (Schmidt,H.) 著；梅兆荣等译；梅兆荣校 . -- 海口：海南出版社，2014.10
ISBN 978-7-5443-5288-8

Ⅰ. ①施… Ⅱ. ①施… ②梅… Ⅲ. ①国际形势 – 预测②国际形势 – 分析 Ⅳ. ① D5

中国版本图书馆 CIP 数据核字 (2014) 第 242828 号

施密特：未来强国

作　　者：（德国）赫尔穆特·施密特（Helmut Schmidt）
译　　者：梅兆荣　曹其宁　刘昌业　马晋生
校　　者：梅兆荣
图书策划：黄明雨　黄宪萍
责任编辑：张　奇
装帧设计：嵇倩女
责任印制：杨　程
印刷装订：三河市祥达印刷包装有限公司
读者服务：蔡爱霞
海南出版社　出版发行
地址：海口市金盘开发区建设三横路 2 号
邮编：570216
电话：0898-66830929
E-mail：hnbook@263.net
经销：全国新华书店经销
出版日期：2014 年 10 月第 1 版　2014 年 10 月第 1 次印刷
开　　本：787mm × 1092mm　1/16
印　　张：16.5
字　　数：120 千
书　　号：ISBN 978-7-5443-5288-8
定　　价：69.00 元

施密特在《时代》周刊上的肖像

1979 年，施密特在哈佛大学毕业典礼上演讲。他被哈佛大学授予荣誉博士学位

目 录

作者新版前言

我写作这部书时，中国尚未像现在这样成为世界关注的焦点。而今天，研究中国对西方人而言已变得比任何时候都重要；反过来，研究西方的主流观点是什么，对中国人来说也是重要的。在我看来，比起德国人或欧洲人，更不用说美国人了，中国人在这个问题上对情况了解得更多。

不过，西方人如果研究中国，会马上明白一点：所有重大的经济、环境政策或地缘政治问题，没有中国的参与都不再能解决。在全球金融业的规则问题上是这样，在二氧化碳危害问题上是这样，在伊拉克、叙利亚和伊朗地区以及乌克兰这两大地缘政治危机上同样如此。

中国是伊拉克最大的外国投资者，同时是伊朗最密切的盟友，乌克兰则是中国最重要的军备和粮食供应国。这使中国面临着不同往常的新任务。因为，这个昔日的

"中央帝国"几个世纪来不需要同别国交往，缺乏长期的同世界政治打交道的传统。如今，中国不能不对众多的全球性问题采取立场，而西方则必须习惯于只有在中国参与下才能解决这些议题。工业国家的八国集团会议——1975年我和我的朋友、时任法国总统瓦莱利·吉斯卡尔·德斯坦创立时为六国集团——今天已经不合时宜，尽管今年又举行了没有俄罗斯参加的七国集团会议。按照购买力平价计算，该集团占世界经济的比重不到50%，占世界上人口比例不到15%。现在，世界经济的增长绝大部分来自该集团之外。就当今的多极世界秩序而言，二十国集团才是真正的框架。二十国集团是2008年11月才开始在政府首脑级举行会议的。中国在该机制中理所当然扮演着核心角色。

当我1975年第一次访华时，这些都是无法预见到的，尽管我那时已确信西方低估了中国的重要性。当时，我对上下4000年的中华文明已深感钦敬。中国最古老的文字产生于拿撒勒的耶稣基督出世前约2000年，是刻在龟甲上面的。至于哲学、文学、自然科学、技术和医药，中国人曾长期领先于欧洲人。直到16世纪，中华文明和中国科学家还走在欧洲的前面。后来，中国停滞了，而欧洲人发展了一种名叫民主的东西，接着便是工业革命和美国的资本主义。直到20世纪下半叶，在西方殖民列强撤出除港、澳之外的中国以及帝制崩溃之后，中国人才得以投身于自己伟大国度的改革和复兴。

毛泽东以十分执拗的方式，在老百姓做出巨大牺牲的情况下，试图实现改革和复兴。毛是一个套不进任何范式的人。马克思主义者相信工业无产阶级，而毛在“大跃进”中却相信农村的农民无产者。他还在“百花齐放”中相信工程师和知识分子，在“文化大革命”中相信青年人。但他尤其相信革命，相信能够使这个富有传统的大国快速实现现代化。在他生命的末期，中国还是重新登上了世界舞台。不是毛不得不前往美国，而是美国总统理查德·尼克松去了中国，以便与中国结成反对20世纪60年代初中国人与之吵翻了的苏联的同盟。

但与此同时，美国人早在第二次世界大战期间已经发明了他们现在称之为“保护的责任”的玩意儿。他们的意思是保护其他国家的人权。然而，人们从来弄不准这背后是否隐藏着他们自身的强权利益，还是真的要施以援手，或者二者兼而有之。就是在第二次世界大战时，大概是二者兼而有之了。在这场可怕的战争结束时，他们不仅把德国从阿道夫·希特勒的统治下解放了出来，而且也强大得足以最终接管英国的世界大国地位。经过这场战争，英国对美国负债累累，以至于美国人得以规定英镑对金本位的汇率。他们为德国选择了一个有利于出口经济的汇率，而为英国选定了一个非常不利的汇率。这个汇率一直沿用到20世纪70年代，从而使英国从战争中恢复过来的速度比德国缓慢得多。

20世纪下半叶，特别是在21世纪头十年，美国这个新的世界大国在“保护的责任”口号下进行了为数众多的战争。第一场是朝鲜战争，以朝鲜共产党人和中国人为一方，韩国人和美国人为另一方作战。战争导致朝鲜分割，90多万士兵和大约300万平民丧生。接着是20世纪60年代的越南战争、90年代的第一次伊拉克战争，以及21世纪初的第二次伊拉克战争和阿富汗战争。最后这场战争，甚至德国也参加了。当时的德国联邦政府强调，“在兴都库什山，也是保卫德国的安全”。

我有这样一种感觉，现在不仅是美国人相信，而且欧洲人也确信，西方民主和西方资本主义是放之四海而皆准的。

中国人和其他许多国家的人民，比如阿拉伯世界，自然不吃这一套。他们愿意接受工业化，准备适度地接受资本主义，但无论如何不愿意接受毫无规则可言的美式金融资本主义，那里私人银行捞取利润，国家却不得不为银行毫无节制的金融产品所造成的损失埋单。

但是，他们不愿意简单地照搬西方民生，不准备接受西方关于人权的想法。对于在自身发展的哪个阶段、在何种程度上实现共决权，才能实现稳定的改革而不导致失控的革命性发展，他们更多是有自己的想法。最近在埃及发生的“阿拉伯之春”也证实了中国人的这种态度是正确的。在埃及，西方的干涉和过于匆忙地引进民主，使人们的日子比过去更难过了。每个国家都必须自行选择自身发展的速度。

如果有人试图在德国取消个人权利，不仅是生存权，而且包括一切个人权利，我即使作为老人，也将赤手空拳奋起抗争。但我绝不会为维护别国的个人权利，而对该国进行干预。我不得不说，现在我对“保护的责任”

这个时兴的口号颇感担心。我这样说在欧洲政治中极可能属于少数派。对西方许多政治家来说，这个口号已成为他们维护其正在消失的影响力的一种手段。

而对于一个西方不再能决定游戏规则的新的多极世界秩序，西方人学会与之相适应的速度缓慢。我十分希望我的书能为减少中国和西方之间的误解做出贡献，并有助于这个多极的世界秩序和平地发展。

赫尔穆特·施密特

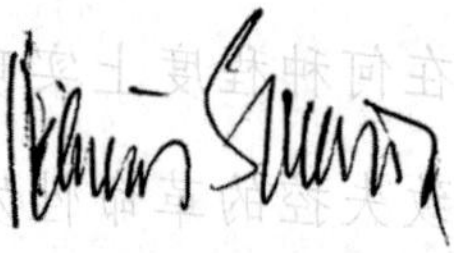

2014. 8.

译者新版感言

海南出版社重新出版德国前总理施密特的《施密特：未来强国》、《施密特：与中国为邻》、《施密特：大国和它的领导者》三部著作，让更多的中国读者分享这位著名德国前政要的远见卓识，这一举措值得称赞。

三部著作的基本内容，笔者在初版的译者序言中已做介绍。这里，仅想特别指出三点：

（一）在笔者认识和了解的西方政治家中，施密特对中国历史、现状和未来的研究、判断和理解，是最全面、客观和深刻的，令人敬佩。

（二）施密特对中国发展变化的观察，特别是对中国改革开放政策的评价，没有西方政治家通常有的那种偏见，也没有狭隘民族利益的烙印，他常常以人类进步和国际和平与合作利益为出发点，判断是非，并敢于仗义执言，鞭挞西方一些人的错误观点和态度，实属难能可贵。

（三）三部著作中对许多国际问题表达的独到见解、明确立场和鲜明态度，至今仍富有现实意义，发人深思。

鉴于此，竭诚向广大读者推荐。

梅兆荣

2014年9月30日

译者的话

2003年12月，德国前总理、汉堡《时代》周报发行人赫尔穆特·施密特访华时向笔者透露，他准备写一本预测未来二三十年世界局势的书。2004年9月笔者访问德国时，这位85岁高龄的欧洲资深政治家果然推出了其新著《施密特：未来强国》。当笔者在柏林拜访德国前总统魏茨泽克时，这位前基民盟政要对该书做了高度评价，并称他正准备为该书举行的首发式创作书评。发行量很大的德国《图片报》抢先连载了该书的部分内容，称该书是施密特的“遗嘱”，是对世界各国领导人的“提醒”，是为挽救我们的地球应做些什么的“高瞻远瞩”。2005年3月，总部设在慕尼黑的《焦点》周刊专访了施密特，就该书中有关中国的某些观点提出质疑，甚至挑衅性地问施密特从什么时候开始“迷恋于中国的大肆宣传”（详见2005年3月23日《参考消息》16

版），施密特给予了有力的回答。

得悉《施密特：未来强国》一书已问世，我即向施密特建议把它译成中文，以飨中国读者。他欣然同意。2004年11月出席汉堡“中欧峰会”期间，施密特确认由我组织该书的中文翻译并委托我选择一家中国出版社出版。应我的要求，他于2005年3月底传来了专为中文版撰写的前言。施密特先生以此表示对我的信任，不仅是因为20世纪80年代我曾参与翻译《施密特传》和他的回忆录《施密特：大国和它的领导者》，更主要的是我们从1975年他作为联邦总理第一次访华相识开始，迄今已有30年交往的历史，彼此间相互尊重了解，并且建立了友情。

施密特于1974年至1982年任联邦总理，此前在勃兰特政府中先后担任国防部长和财政部长，发表过好几部关于国际战略问题的重要著作。他阅历丰富、知识渊博，被认为是通晓经济、外交和军事的全才。作为社会民主党人，施密特较少展现意识形态色彩，而以实干家著称，其政治观点不受党内左翼青睐。1982年下台就是因为失去党内多数支持所致，但他在德国公众中和国际上却享有很高的声望。作为国际时事政论家，他紧跟形势，善于思考，文章气势宏伟，言简意赅，一针见血，直言不讳，颇受欢迎。

本书中文仅十余万字，但内容丰富，涵盖了当今国际关系和国际政治领域中的几乎所有关键问题。作者开头虽论述了影响今后世界发展的四大因素，即人口爆炸和移民潮、气候变化和经济技术全球化的后果、国际金融市场的风险以及武器扩散造成的危害，但指出决定性的问题还是美国，因为它在今后20年内仍将保持为唯一超级大国。施密特深刻地揭示了美国推行扩张主义、帝国主义和单边主义的根源及其在不同历史时期的表现，分析了美国的强项和弱点，并指出小布什政府面临战略抉择，包括对联合国、欧盟、俄罗斯、伊斯兰世界和中国的政策，而全世界都将不得不予以适应或应对。

施密特对其他的大国和力量也做了评估，认为中国是“明日世界的赢家”，印度亦将成为经济大国。对中国的发展模式和改革开放成就做了充分肯定，指出中国的现行政治体制符合国情，对中国和邻国都是有益的。当然中国也面临挑战，需要缩小地区和贫富差距并解决年轻人的价值观问题。日本对二战历史问题的态度与德国形成鲜明对照，施密特对日本政治阶层不认罪、不道歉的错误态度进行了尖锐的批评，指出这是日本在世界上朋友甚寡的原因之一。施密特以较大篇幅论述了伊斯兰教的力量和影响力，以及它同西方发生冲突的历史和现实根源，强调西方应承认伊斯兰教是与基督教平等的世界宗教，对它应持尊重和宽容态度，而不应把伊斯兰教与基督教的冲突看作是不可避免的并加以接受。对俄罗斯的改革在西方误导下走过的弯路以及普京当前的处境和面临的任务，作者做了实事求是的描述，认为俄罗斯是一个“悬念中的世界强国”。施密特对亚、非、拉广大发展中国家处在世界边缘上的无奈寄予深切同情。最后，旋密特以批判的眼光对欧洲联合的历史、欧盟一体化的成就、1992年后停滞不前的状态以及今后可以设想的发展前景做了详细的论述和估计，特别强调欧洲在美国面前应保持尊严，不应退化为驯服的唯命是从者。

总的来看，本书对我们认识当前世界的力量对比、各种力量的发展趋势及其相互关系的走向，颇有参考价值。诚然，施密特作为一个西方政治家，其视角、观点以及用语与我们不同，这是不足为奇的。但综观全书，其观察问题的战略高度、分析问题的深度、抨击美国霸权主义的强度，都是难能可贵的。

我们在翻译时力争使中文通顺易懂，又要忠实原意。但由于水平有限，加之时间仓促，错误和不足之处难免，敬请专家、读者指正。

中国前驻德国大使

中国人民外交学会前会长

梅兆荣

2005 年 5 月 1 日

作者中文版序言

本书意在向德国读者提供一个关于今后几十年世界历史可能是怎样一种进程的概貌。中国读者对德国人和欧洲人如何看这个世界感兴趣，这使作者深感荣幸。

本书副标题是“明日世界的赢家与输家”。我对当今和明日世界的分析清楚地让人认识到，中国必然属于赢家，但只有读了全书之后才能明白这一点。自 1975 年以来，我访问过中国多次，通过对这个国家的了解，我认识了许多中国人，我成了中国的朋友；同时，我也以批判的眼光观察这个国家的发展。30 年后的今天，这个国家所发生的根本性变化和取得的巨大进步给我留下了深刻的印象。20 多年来，中国的国民生产总值每年增长 8%，这样一个增长率在其他大国的国民经济中是难以想象的。中国的国民生产总值正在超过英国和法国，不需要十年也将超过德国。估计不到几十年内，中国的国民生产总值将位居世界第二，其进出口数字也将名列第二。

不久以前，某些美国人和欧洲人预期，中国将先是在消费品方面，然后在所有工业品方面，成为他们新的巨大市场。今天，世界已开始理解，中国将不仅以自己的消费品，而且也以自己的高技术产品，成为一个日益成长的竞争者。我预期，中国这种难以置信的繁荣仍将继续下去。当然，我不否认中国必须解决自己国内的巨大问题。首先是沿海省份的城市同内地包括中部农业地区和重工业东北地区在生活水平方面的巨大差距。而要在很大程度上拉平这种差异，将需要几十年的时间，因为这需要对生产结构和社会进行深刻的改造。

在美国和英国，人们可以读到对中国的许多批评。有些批评可能是完全有道理的。但这些批评大多来自同一批人，他们在20世纪90年代初就曾出于利己的动机向俄罗斯提出过如何在一夜之间建立起市场经济的不适当的建议。这些人当时不了解俄罗斯，今天也不了解中国。去上海访问几次是不足以了解中国的。在我看来，中国已慢慢地建立起市场经济，同时逐步地放弃了过去指令性经济常用的政策工具。把这两个方面结合在一起，这种非常独特的做法迄今取得了惊人的成功。当然，中国的经济同其他国家的经济一样，也必须克服与景气伴生的结构性的危机，包括在能源和水资源的供应方面。在金融政策方面，我预期在今后30年内，人民币将同美元和欧元一起成为全球货币三角的组成部分。

中国大城市里的年轻人为西方的消费品所吸引。同时，在应对新时代的经济现象方面，旧的马克思主义或毛主义的意识形态已帮不了他们的忙。今天的年轻人年纪再大一些，就必须决定用什么样的价值观来教育自己的子女。我认为，他们采用能适应今天的生活环境和条件的那些儒家伦理原则，是可以设想的。如果西方的一些政治家和知识分子觉得自己在道义上有权在如何对待民主和人权问题上指责中国人，那么，大多是因为他们对中国在三千年历史[1]进程中发展起来的文化缺乏认识和尊重。由于中国的市场经济将进一步发展，其政治文化也会进一步发展。谁只要大体上了解这个国家的历史，他就会明白，中国不需要任何监护。

① 中国是有五千年历史的文明古国。文中所称三千年系欧洲人的理解，指在史籍中有明确纪年的历史。——译注

中国和美国都需要吸取教训。我们的美国朋友应当理解，对中国进行任何方式的监护都是不现实的。我们的中国朋友应当知道，中国发展成为一个超级大国，还需要几十年的时间。尽管如此，中国仍将是未来的一个赢家。

赫尔穆特·施密特

2005年3月18日

作者德文版前言

国外诸多事件，往往不易评估：它们意味着什么？可能导致何种后果？产生的后果是否也会波及我们？

本书的论述，试图概括勾勒出今后20年内影响世界历史进程的各种因素。历史学家、经济学家、政治学家和其他学科的学者，虽然都能构想出一幅准确、完整得多的图景，但那就需要写出大部头的书来。而涉及预测，他们会和我处于同样的境地，因为预测可能一语中的，也可能言而不中。

我只能采取简单化的写法，仅仅限于以欧洲人的眼光为关心政治的读者描绘当前形势中相互关联的重要因素，勾勒明日世界的种种基本利害和趋向。本书旨在论述今后做出决断时的回旋空间和抉择余地，但也会讲到可能发生的冲突。美利坚合众国无可避免地构成其中的重点。

我曾长期同许多国家及国内的同仁和朋友广泛交流想法，撰写本书时得以引以为据，对此我心存感激。我特别要感谢以下各位的建议、批评和帮助，他们是：斯特凡·科利尼昂、托马斯·卡劳夫、比尔吉特·克吕格尔-彭斯基、罗泽玛丽·尼迈尔、阿尔明·罗尔芬克、苏珊·施密特、彼得·舒尔茨、特奥·佐默尔、弗里茨·施特恩和瓦尔特·施蒂策勒。

这本小册子虽然融入了我的一些政治生活经验，但目光所及也几乎未能超出今后20年。就在明天或后天，世界可能会变得面目全非。

赫尔穆特·施密特

2004年7月于汉堡

第一章

未来发展知多少

一幅阴暗的图景

“有史以来最血腥的世纪已成往事。西方并没有灭亡。相反，欧洲独裁政权已经走到了尽头。人的基本人权得以实现。要求民主的意愿正在扩展。五十年来欧盟在慢慢地成长。”

这是四年前我在拙著《欧洲的自我捍卫》前言中说过的话。文末，我斗胆做过几个预测，其中之一涉及伊斯兰世界：“与伊斯兰世界睦邻相处，将成为新世纪欧洲捍卫自我的条件之一，甚至可能出现这样的情况……它决定是否会有和平。”

这篇前言的落款日期是2000年9月1日。一年之后发生的可怕事件是否证实了我的看法？或者是我看错了？

我是不是太乐观了？不论怎样，2001 年 9 月 11 日的袭击和美国做出的反应，都给我的预测赋予了新的尺度。

最近几年，没有任何别的事件曾经如此戏剧性地改变世界的面貌。一个迄今被大多数西方国家政府大大忽略的题目，突然成为世界时事变化的中心。如果有人设想把当今世界已经明显可见的趋势再往前推展到下一个时期，就不得不估计到会有一场文明的冲突出现。伊斯兰教和西方发生震撼世界的对撞，事实上已经是可以想象的事情。伊比利亚半岛的天主教复地运动[①]和奥斯曼帝国兵败维也纳城下，使伊斯兰教向欧洲的进军中止了几个世纪。今天，有数百万穆斯林生活在欧洲。伊斯兰教覆盖了从俄罗斯经中亚直到印度尼西亚，从巴基斯坦经中东直到黑非洲的广大地区。目前全球总人口的五分之一是穆斯林。世界上几乎有三分之一是伊斯兰国家。其中只有少数国家，即几个产油小国是富裕的，大多数穆斯林生活在贫困之中。

在以穆斯林居民为主的国家中，伊朗、埃及和土耳

---

① 指中世纪西班牙天主教把阿拉伯人占领的西班牙土地重新夺回来的运动。——译注

其享有一种历史形成的正统地位。而直到第二次世界大战结束，大多数伊斯兰国家仍然是欧洲殖民主义大国的殖民地或保护国；它们目前的国界都是这些大国强行划定的。许多情况下，不同的民族和部族、不同的语言和宗教信仰，被强行塞进一个殖民地。这样一种五花八门的拼凑体，宗主国只能用军事手段加以统治。就是在不得不给予这些殖民地和保护国以自主国家地位之后，这一点也没有改变。大规模的贫困，特别是那些迅速膨胀的百万人口大城市中存在的贫困，加重了治理的难度。成熟的政治结构和政治精英非常罕见，因此，大多数伊斯兰国家也就缺少一种目标明确的经济政策和可靠的行政管理，相反，腐败却在滋生泛滥。就经济水平和社会状况而言，它们几乎全部是发展中国家。

单单是这些国家的穷苦大众与穷奢极侈的上流社会之间存在的巨大差距，就已经为刑事犯罪、极端主义、暴乱、违法罪行提供了肥沃的土壤。如果再有一些善于利用神授权力的宗教领袖或政治领袖出现，普遍的不满情绪就会迅速升级成相互使用暴力。最近十年，从东帝汶到东非，从高加索到波斯尼亚，从中东经阿尔及利亚到西非，都有这样的例子。在一些以穆斯林居民为主的国家和地区，宗教领袖们试图建立一种严守《古兰经》和伊斯兰教法的正统秩序。在伊朗，这个过程可以看得很清楚。阿富汗的塔利班统治是一个令人厌恶的例子。在别的地方，则试图以暴力把某些地区从现有的国家结构中分割出来，建立主权国家，至少要取得广泛的自治，例如在车臣。在不少情况下，其结果就是发生流血冲突。在这个过程中，第三者要进行隐蔽的、有时甚至是公开的干预和支持，这已经是家常便饭。技术的全球化大大方便了形形色色的干涉活动，并且使大规模的私人战争成为可能——“基地”组织表明了这一点。

最近几十年，西方对伊斯兰世界冲突所进行的政治干涉和军事介入，绝大多数源于美国。其动机部分是出于理想主义的使命感，部分是由于担心本国的石油供应，部分也是出于对与美国有种种结盟关系的以色列的安全感到忧虑。自从 2001 年 9 月 11 日发生直接针对美国的滔天罪行之后，对自身安全的担心在美国的考虑中占据了主导地位。同时，由于美国感到自己是不受任何其他势力阻碍的唯一的超级大国，这种意识更使它的帝国主义动机凸显出来。伴随这种实力政策的，是利己主义和肆无忌惮。

20 世纪 90 年代，为了防止穆斯林遭受即将发生的种族大屠杀，克林顿总统领导的美国政府对波斯尼亚和科索沃进行了干涉，但当时它并不清楚南斯拉夫这个多民族国家的内部形势。美国政府进行了军事干预，并得以迫使各方停火，却无法解决三种宗教和八个民族（此外还有至少四个少数民族）之间已延续数百年的冲突。南斯拉夫是一个单纯依靠军队和警察人为地维持在一起的国家。自从能干而冷酷的独裁者约瑟普·布罗兹·铁托于 1980 年去世之后，崩溃已经可以预见。而美国曾设想要保持南斯拉夫这个国家的存在，却是一个天真的想法。现在最好的情况是长期保持这样一种状况，即西方至少在波斯尼亚、科索沃、马其顿建立和维持事实上或法律上的保护区。由于前南斯拉夫的穆斯林少数民族集中生活在上述地区，所以他们把西方监护者当作自己面对塞尔维亚人的保护者，而不是敌人。巴尔干的穆斯林是否会保持这种态度，首先取决于监护者今后的所作所为，但也取决于西方和世界穆斯林之间总的关系的发展。

美国对阿富汗和伊拉克的干预，以及其造成的心理和政治后果，则完全是另一回事。2700万人口的阿富汗和2300万人口的伊拉克，都是伊斯兰国家。伊拉克人口约60%是什叶派，约20%是逊尼派。伊拉克人80%是阿拉伯人，约15%是库尔德人，此外还有几个较小的少数民族。逊尼派库尔德人至少有2000万，其中大部分——大约1300万人——生活在土耳其，另外足有500万人在伊朗，不到400万人在伊拉克。这样，伊拉克人就分成了三大主要部分：逊尼派阿拉伯人、什叶派阿拉伯人和逊尼派库尔德人。美国想在多元化的伊拉克建立民主制度，这种试验的结局难以预料。决不能排除伊拉克长期保持动乱策源地的可能。阿富汗也是这样。

第一次世界大战之后，奥斯曼帝国遭受各战胜国瓜分时，伊拉克起初是英国的托管地，而后又在英国的主导下成为目前的国家。战胜国当时虽然也曾承诺建立单独的库尔德国家，但并未信守诺言。相反，阿拉伯人却建立了沙特阿拉伯、叙利亚、约旦、各酋长国等自主国家。阿拉伯语言，特别是在伊斯兰教中，从一开始就使人们产生出一种强烈的共性意识。阿拉伯联盟和石油输出国组织有时也扮演重要的政治角色。石油输出国组织经济实力雄厚，成员几乎全部是伊斯兰国家。

阿拉伯人的这种共性意识，尤其通过持续半个多世纪的以巴冲突以及围绕耶路撒冷圣地的争端而得以保持和加强。每当以巴流血冲突升级的时候，全球众多的穆斯林都会感到面临挑战，需要同巴勒斯坦同仇敌忾。有许多团体、组织、部族，也包括政府，同情巴勒斯坦人。由于美国早在几十年前就在近东冲突中公开站在以色列一边，阿拉伯人对美国持怀疑态度是必然的结果。华盛顿与开罗和利雅得政府的良好关系，丝毫没有改变这种情况。

理论上美国有力量战胜乃至消灭敌视以色列的各个邻国，但它没有足够的力量占领和治理敌视以色列的全部邻国。因此，美国亲以战略的实际能力远在这个门槛之下。假如美国原则上坚持迄今的路线，伊斯兰世界的普遍敌视态度还将会增强。不过，即便抛开近东冲突这个因素，在一些重要的伊斯兰国家，从阿尔及利亚和尼日利亚北部直到伊朗、马来西亚和印度尼西亚，伊斯兰极端主义也在日益赢得地盘。潜在冲突的地域越是扩展，美国就越需要乐于帮忙的盟国或卫星国，以便它成功地达到自己的目的。在巴尔干、阿富汗和伊拉克，美国自己的部队已经不敷使用。它不得不依赖盟军。

面对这样的世界政治形势，在这种形势进一步激化时，如果美国的欧洲盟国不再发挥具有斡旋和安抚作用，反而——远远超出它们在北约中有明确地理界定的互助义务——站在美国一边进行军事介入，就可能导致伊斯兰世界和西方之间发生一场世界性的冲突。谁要是宣称这场冲突不可避免，谁就可能引发这场冲突。虽然这样一场“文明冲突”并非一定会引发一场世界大战，但它在肉体上、政治上可能会波及近20亿人，使他们的生活条件发生深刻变化。众多小规模的地方冲突和地区冲突，不仅会牺牲大量性命，而且会在世界范围内导致经济滑坡和国际恐怖主义蔓延。

我承认，这是一幅关于我们未来的相当悲观的图景。人们肯定也可以通过描绘出另外一种乐观的景象来反驳。但是目前看来还是以保持怀疑和谨慎为好。毕竟，目前世界上最强大的国家的现任政府相信，2001年9月11日的大规模袭击使世界发生了对我们大家不利的变化，因而美国有责任进行“反恐战争”。美国根据它对世界变化的看法，也改变了自己的战略。而美国提出的新目标，确实会改变今后几十年的世界。

但同时，远远不受上述情况的影响，预计还会发生其他的深刻变化，特别是在亚洲、中东和非洲。就正在形成的世界新形势而言，它在中国眼里就和穆斯林世界的看法不同，而从欧洲的角度看，则又是一种样子。根据人们怀有的恐惧、期待和希望的不同，人们也就生活在不同的世界里——但是客观上却只存在一个唯一的世界。客观上，21 世纪的世界与那个在一个世纪中发生过两次世界大战和东西方冷战的世界是不同的。但是，决定性的变化何在？那些确凿无疑的事实是什么？对于未来，我们能知道什么？什么东西是不确定的？我们能够做些什么？我们应该做些什么？

谁要想寻找答案，美国必然会成为他注意的中心。因为，在可以预见的未来，美国在军事、政治、技术和经济各个方面，仍将是唯一一个势力和影响遍及世界每个角落的国家。从人口说，美国的人口即将达到 3 亿，尚不及世界 60 亿总人口的二十分之一，而中国人口却占了五分之一，印度人口占了六分之一，伊斯兰国家和穆斯林的人口总数也占了五分之一。相对于这些数字，俄罗斯之外的欧洲国家的人口数目，分量就无足轻重了。

在世界近两百个国家中，有些国家，无论其大小如何，对世界政治和世界经济都具有重大影响，比如人口相对较少的世界大国俄罗斯或更小一些的日本，或者只有700万人口的以色列，就是如此。世界大家庭的这种影响，有一些在21世纪伊始就能预见得到，有些暂时还说不准。

不同的前景

1900 年，许多人都满怀乐观地展望新的世纪，其中包括绝大多数美国人和大多数欧洲人，也包括工运人士和社会党人。但是，谁又曾预见到两次世界大战的爆发、苏维埃帝国的兴亡和各殖民帝国的解体呢？谁又曾想到地球上同时生活的人口会在百年之内翻两番呢？谁又曾预见到奥斯曼帝国和中、俄、德、奥的帝制会几乎同时完蛋呢？

作为一个欧洲人，今天展望正在到来的 21 世纪，至少可以预见到若干即将出现的事态发展。但是，即使有人能够在一定程度上概括地预见 21 世纪前 25 年的发展，他也不能保证不会发生意料之外的事情。总的说来，与一百年前的预期相比，绝大多数欧洲人都少了一些乐观，多了一些怀疑。与之相反，大多数美国人依然很乐观。在多数情况下，预测不是忧心忡忡，就是抱有希望；例外情况下，才有理性的未来预期。尽管21世纪开始的形势有几点是相当清晰的。

在非洲，从根本上说那里的状况与四分之一世纪前几乎毫无二致。全部非洲国家都是发展中国家。在广大的黑非洲地区，经济和社会苦难简直到了毁灭性的程度。有些地区和国家内战频仍，部分是由于部族仇恨和种族对立，部分是由于宗教对立，而这些都成为内战发生的第一因素。索马里、苏丹、卢旺达、刚果和利比里亚就是最新的例子。非洲大陆北部讲阿拉伯语的地区情况稍微好一些，但埃及以及阿尔及利亚的城市也受到人口过剩的困扰。总体来说，非洲是一个饱受忧患折磨的大陆。不过，看来这里并不存在可能引起世界性政治后果的危险。

拉丁美洲的情况与非洲相似，虽然看起来要略微好一些。在许多地区和城市，贫困和饥馑为患。由于人口到处都在迅速增长，贫困人口也在增加，许多国家经济、社会问题成堆，负债累累，不时发生政治动乱和政变。然而，和非洲的问题一样，拉丁美洲的问题对世界其他地区也鲜有影响。

亚洲呈现出一幅极为参差不齐的景象。日本、韩国、中国台湾、新加坡和以色列已经达到高度的技术水准，享有高标准的生活水平。但大多数亚洲国家仍然是发展中国家，广袤的俄罗斯西伯利亚也是如此。这些发展中国家的经济水平大不相同。一些国家极端贫困，属于最不发达国家，比如孟加拉国和朝鲜。25 年来，中华人民共和国取得了最大的经济进步，跟随其后的是印度、越南和马来西亚。而其他一些亚洲国家，比如阿富汗或乌兹别克斯坦，却依然滞留在低下的经济水平上。

除了印度和巴基斯坦之间的克什米尔冲突这个特别例外，亚洲三个最重要的国家看来都不会构成影响世界政局的危险：中国不会，印度、日本也不会。但是，一方面是朝鲜半岛的分治、台湾地区与中国大陆的分离、世界对石油的依赖，另一方面是石油财富集中于中亚、伊朗和中东，构成了一条形成动乱策源地的链条。对世界和平的最大危险来自中东和以巴冲突（德语里习惯使用“近东”这个概念，我却习惯了美国人的说法，把从巴以地区到巴基斯坦、从东地中海到亚丁湾这个地区称作“中东”)。此外，对于朝鲜和伊朗进行核武装的意图，人们也心中无底。毕竟，除了美、俄、法、英、中五个“经典”核大国——五国都在安理会拥有否决权——以外，亚洲还有三个核国家：以色列、印度和巴基斯坦。大规模杀伤性核武器的扩散在20世纪愈演愈烈，21世纪是否能够制止，仍然是一个悬而未决的问题。

同亚洲和中东相比，欧洲会是一个安定的大洲。虽然在北爱尔兰、巴斯克和前南斯拉夫的某些地区还存在影响面积有限的危机策源地，但它们都不会给世界带来危险。欧盟目前经历的政治危机也是这种情况。这场危机是由于欧盟过于匆忙地吸收10个新成员国导致其机构和运作不能适应新情况而产生的，其结果是欧盟成员国分裂成拥护并参与伊拉克战争的一方和反对伊战的另一方。

北大西洋联盟及其军事机器北约围绕其自身的存在是否还有意义这个问题，正在经历一场危机，但这也并未引起世界的特别关切。21世纪初开始凸显的欧盟和北约的双重危机，虽然不能不让许多欧洲人感到不安，特别是因为这两个组织都暗含制约德国的作用，但世界其他地区的多数人及其政治领袖却几乎全都感到此事与己无关。

美国在许多方面占据着领先地位：如自然科学、医学等众多技术领域及金融市场，特别是军事领域。其他各大洲绝大多数人承认和高度评价美国的这种地位。他们一方面钦佩美国并加以效仿，另一方面又害怕美国，有些人则因为美国的支配地位而仇恨它。美国人对自身地位的评价似乎更高。美国有些政治家甚至认为自己有能力、有责任重新安排世界，类似20世纪两次世界大战之后曾经做过的那样。但同时，“基地”组织却在21世纪之初显示了美国的可伤害性。几代人以来，美国第一次在本国土地上遭到攻击。几乎全世界都得到这样的印象：从此开始，美国就运用自己的全部政治力量和军事手段进行反对国际恐怖主义的斗争了。而这场斗争的过程、结局和后果，目前还难以预料。

危及全球的因素

美国对世界秩序提出的要求会导致何种后果，暂时还难以确定，而一系列影响今后几十年的重要因素，却已经一清二楚。特别是以下四大因素将对今后的发展产生决定性影响：

1. 人口爆炸及其后果；
2. 技术和经济全球化的后果；
3. 国际金融市场的脆弱性；
4. 国际军火贸易的影响。

在进一步论述上述四方面的问题之前，我想先一般性地对全球化的赢家和输家谈几点看法。全球化是描绘一种旧状态的一个新概念。世界经济和世界市场一直是有的。新鲜之处在于，今天几乎每个国家都已参与其中，20年来中国也参与了，10年以来苏联的全部继承国及其原有统治范围内的所有国家都参与了。新鲜之处还在于，许多国家的国民经济与世界经济相互交织，其程度不断增强，而且越来越密切。而许多国家的舆论正在兴起哗众取宠的反对这种经济过程的抗拒态度，却只是貌似新鲜而已。因为，过去普鲁士地主、美国农场主或法国农民事实上也都曾经借助保护性关税、进口限制、外汇管制和设置其他壁垒对付过外国更廉价产品的竞争。许多工业行业也采取过类似措施，并且得到工会的多方支持。欧洲、美国以及各殖民帝国代代相传，都形成过反对国际自由贸易的强大政治反对派。他们在第一次世界大战之后，曾经取得了最大的成功，在20世纪30年代世界经济大衰退的环境下，尤其如此。

第二次世界大战之后，自由贸易大踏步前进。对此，首先是那些深受美国意图和利益影响的组织——世界贸易组织（WTO）及其前身关贸总协定（GATT）和国际货币基金组织（IMF）、世界银行等做出了有效的贡献。但冷战结束以后，美国却明显减弱了支持自由贸易的力度。

当前，许多国家的国民经济处于落后状态，几十亿人生活在贫困之中。差不多所有富国自半个世纪以来所提供的发展援助，没有使情况发生任何本质的变化。因此，人们担心今后几十年世界仍然会停留在这种贫富极端不均的状态。如果西方政治家既在道义上指责发展中国家，同时又要说服它们为西方工业品和短期资本的进入开放边界，而自己却竭尽全力阻挠甚至阻止它们出口糖或大米以及农产品和其他产品，这真是一种耻辱。在这方面，美国、欧盟和日本是最大的利己主义者。它们鼓吹自由贸易，但几十年来却在违背自己那种娓娓动听的说教。它们同时也在违背自身的长远利益，因为由于经济前途长期无望，许多发展中国家便加大移民压力，其矛头会指向美国和欧洲。

如果有人要问，在全球化不断推进的过程中，谁是明日世界的赢家，谁是输家，那么，基本上可以看到三类国家：

第一，看来绝大多数高度发达的工业国及其居民将进一步提高自己的生活水准，他们属于赢家。大多数欧洲工业国目前承受的高失业率，如同其养老机制所经历的危机一样，都不是全球化的必然结果；相反，造成这种现象的原因主要是各国自己的、需要由其自身负责的经济和社会结构及其自身的政策。瑞典、荷兰或丹麦的例子说明，十分先进的工业和福利国家能够很好地解决这类问题。大多数工业国家迟早都会效法它们——当然之前需要先克服内部的巨大阻力和危机。

第二，有一类发展中国家会是赢家。这类国家的政府一方面在经济上开明理智，另一方面——在这一点上必须说出真相——为了实现必要的经济措施，能够以权威方式行使内政权力。其最突出的例子包括波斯湾一些盛产石油的阿拉伯小酋长国，但首先是巨大的发展中国家中国。对中国来说，由于迄今形成的与发达国家之间的经济差距，这个过程还需要好几十年。然而，日本19世纪中叶明治时期实施开放以后的例子和韩国、中国台湾、新加坡或中国香港20世纪50年代以来的崛起都表明，发展中国家或地区只要有一个目标明确、经济政策合理实用、政治上严格有力的领导，就能够在短短几代人的时间内跻身于工业化国家的行列。

第三，目前的许多发展中国家，却会因为政府在经济方面和社会政策方面一事无成而将继续落后下去。这种情况甚至会在那些民主制度和人权已经站住脚跟的地方出现，因为民主和基本自由权利都不是达到富裕的保证。欧洲历史上不乏这样的例证：只有当普及教育达到一定水平和直接的生存危机消除之后，民主宪法才能得以贯彻并持久地稳定下来。我认为，大多数发展中国家的状况要在今后几十年内得到普遍改善是不大可能的。

人口爆炸及其后果

两千年前，在奥古斯都皇帝时代，全球大约共有2亿人，至多3亿人。精确的数字现在还没有研究出来，不过这并不重要。重要的是，人类用了整整19个世纪，才使全球人口增加到1900年的16亿。但在这之后，主要是第二次世界大战结束之后，世界人口总数几乎发生了爆炸——在20世纪翻了两番，达到60亿。世界人口到21世纪中期达到大约90亿，看来已成定局。与1900

年相比，人均在地球表面所能支配的空间将缩小至五分之一以下。而且，这个空间的分布极不均衡。

各大洲人口增长的速度也大相径庭。21 世纪初，世界人口的 60% 生活在亚洲，14% 在非洲，12% 在欧洲，9% 在拉丁美洲，5% 在北美洲。而到 2050 年，非洲人口将增加一倍，亚洲人口将增加一半，拉美和北美的人口会略有增加。只有欧洲人的数目会减少，他们占人口总数的比例将降至约 7%，而非洲人的比例却会上升至 20% 以上。现在欧洲育龄妇女人均生育数字已经降到了历史低点。

医疗服务和卫生条件的改善，使世界各地的预期寿命几乎都在增长。结果，各地社会的平均年龄也几乎都在提高，最明显的是欧洲和日本。例如，再过短短几十年，德国成年居民将有一半超过 65 岁。只要没有什么意外事件深刻改变全球人口目前这种明显的发展趋势，联合国统计学家们预测的图景极有可能成为现实。

人口爆炸必然会带来城市化和生活条件恶化。发展中国家城市人口的增长在全世界最为迅速。19 世纪中叶，纽约、伦敦和巴黎是人口最多的大都会，到 21 世纪初，它们被上海、墨西哥城、开罗、拉各斯和发展中国家其他许多百万人口级的大城市超过。现在，有好几亿人生活在亚洲、非洲和拉丁美洲的巨型城市里，人口年年增加。

20世纪30年代，我还在上学的时候，曾经对两本书着迷——一本是西班牙人奥尔特加-加塞特的《群众的反抗》，一本是法国人古斯塔夫·勒邦的《群众心理学》。当时，我认为这两本书对希特勒和纳粹煽动的大众狂热心理预先做了分析，特别是勒邦极具远见。那时，有些德国人认为，我们是一个“没有生存空间的民族”。今天，在更小的空间里生活着更多的德国人，我们却过得比过去任何时候都好。

鲁滨孙和他的忠实朋友“星期五”生活在一个孤岛上，两人既不知道什么疫病和交通混乱，也不晓得什么群众性的恐慌和空气、水的污染。但对于今天生活在百万人口级的大城市民众来说，这一切却是一应俱全，并出现了新型疫病：艾滋病（HIV）、疯牛病（BSE）或“非典”（SARS）。尽管几代人以来医学不断取得进步，但我们还是不得不准备应对其他一些迄今未知的传染病。

此外，我们原以为已消灭了的诸如肺结核和口蹄疫等过去的疫病，也卷土重来。人口密度太大，可支配空间狭小，以及人畜直接相邻而居，正给全世界带来更大的危害。我的祖父和外祖父都是徒步去工作。而今，人们都坐公共汽车或地铁，数以百万计的人开着私家车。人的流动性，包括远距离的流动还会增加，而危险也随之增加。为广大民众提供现代化卫生条件和防治疾病的服务，即将成为涉及全人类的问题；而缺少清洁用水，目前业已成为世界许多地区最为紧迫的问题。

部分是地区的、部分是跨国的移民压力将具有突出的意义，我们将不得不面对这种压力。富裕的欧洲和北美将是洲际移民的主要目标。欧洲各国政府和议会以及欧洲各国社会作为一个整体，今天已经面临这一异常困难的问题；而直到20世纪五六十年代，人们还没有认识到这些问题，也没有想到会出现这些问题。美国和加拿大已经积累了几代人接受洲际移民的经验，并且建立了以配额制为主的操作机制。在法、英、德、意、荷、斯堪的纳维亚等国家和地区，差不多全部欧洲富国都面临三方面的问题，即它们自信能够接纳多少移民？就民族、语言、宗教和技能而言，它们愿意接纳哪一类移民？怎样才能阻止那些不受欢迎的移民？今天，已经有许多非法的不受欢迎的移民渠道。很长时期以来，一方面，我们在西欧大城市的中心地区看到移民集中居住区，这使他们融入当地社会变得十分困难；另一方面，我们也看到仇外情绪的大宣泄。

所有这些问题在欧洲都远远没有得到解决，但它们将越来越重要。欧洲各国社会的过度老龄化导致传统的养老保险机制发生危机，因此，一个新问题越来越成为人们关注的焦点：我们是需要那些传统上生育率高的移民，以便筹得资金维持我们的社会保障体系呢？还是与此相反，我们必须改造我们的养老机制，做出延长工作年限的安排？

不论欧洲人做出何种答案，也不管这些答案在实践中是否行之有效，它们都会在外交上和国际上产生效应。关于伊斯兰国家土耳其加入欧盟的公开争论，已经让我们预先尝到了一点味道。鉴于土耳其人口的迅速增长，安卡拉几十年来一直想让一部分后生之辈移民西欧，这是土耳其想要加入欧盟的动机之一。假如土耳其真的加入欧盟，并且享有充分的人员自由流动的权利，那么，很快就会有别的国家，比如北非国家，跟着提出入盟申请。欧洲人将不得不很快做出一项原则性的决策。假如土耳其成为欧盟的完全成员，旧大陆的文化将会在短短几十年内发生重大变化。

从长远看来，正在发生的全球气候变暖将会加重移民压力。因为气候变暖造成的气候变化，在全球的分布绝不是均衡的。比如西伯利亚的永久冻土带可能北移，这样迄今的无人区就有可能变得适于居住。反过来，覆盖格陵兰的冰层融化就会使迄今保持西欧温暖以及使挪威适于居住的海湾暖流受到负面影响。目前阿尔卑斯山的冰川正在明显后退，这已经是显而易见的事。但是，万一全球冰层都融化，大洋的海平面就会升高，处于海平面的居住区域，比如亚洲、非洲和南美洲诸大河的三角洲就会被淹没。对于全球变暖的原因、机理和速度，特别是它对气候造成的影响，暂时我们还所知不多。但变暖的事实却是确凿无疑的。

确凿无疑的，还有人为因素对全球变暖是起了作用的。人类以种种方式，包括燃烧煤、石油、天然气产生二氧化碳和砍伐森林，促使全球变暖和气候变化。这些因素的作用到底有多大多强，迄今还没有充分的研究结论。然而我们知道，即便没有人类的任何活动，几百万年来也都存在过冰川期和温暖期，并且有过不同层次的冰川过渡期和温暖过渡期。

跨学科研究的进步让我们期待，几十年以后，人们会比现在知道的多得多、准确得多。虽然在20世纪的最后几十年中，人类已经越来越认识到，必须限制对环境和气候的负面影响。1992年在里约热内卢和1997年在京都举行的两次大型国际会议证明了这一点。绝大多数国家的政府已经懂得了防治大气、水和土地污染的必要性。

人口持续增长和工业化继续向全球不断扩张，将很快使上述必要性在政治上得到更多的优先考虑。各国政府可以在某一地方或某一地区做出重要贡献，比如减少本国大城市的空气污染或者防止水和土地污染。但是，为了持久地限制对气候的损害，减少人类对环境造成的有害影响，就需要在世界范围内进行国际合作。为此需要在经济方面做出牺牲和规定，对发展中国家来说，它们承受的负担要比工业国家沉重得多。

为了有效减少人类在全球变暖过程中迅速增长的消极作用，客观上需要逐步从使用碳氢化合物能源转变为使用其他能源。在遥远的某一天，这种转变会变得无可避免，因为石油、天然气和煤炭资源是有限的。虽然 30 年来石油和天然气价格相当快地上涨，使人们接受这种转变可能会容易一些，但实现这种转变却需要先对研发工作进行大量投资，另外还要长期提供补贴。

今后几十年需要考虑的是核能、太阳能和风能，水力只在极少数特殊地理区域可资利用。迄今为止，西欧各国采取的是不同的能源政策：英国、荷兰、挪威等国依靠本国的碳氢化合物资源；法国在最大程度上利用核能发电；德国正在放弃使用核能和本国极其昂贵的煤炭资源，并且越来越依赖进口的碳氢化合物能源；其他欧洲国家的做法也与德国类似。太阳能和风能迄今在各国起的作用很小。正如缺乏全球性的气候和能源政策一样，目前欧盟也没有共同的能源政策。但可以相当肯定的是，21 世纪一定要为上述有关问题找到一个答案。

总结起来，可以确定：主要因为世界人口爆炸式增长，其次也由于气候变化，移民浪潮会在不久的将来急剧增加，它们会跨越大洲，涌向欧洲。而与此同时，主要在非洲和亚洲部分地区，人口压力将进一步导致地域上有限的冲突、内战和战争。

技术和经济全球化的后果

在20世纪二三十年代我读书的时候，前后收到过两三张明信片，从来没见过一份电报或接过一个电话。大家没有电话，也没有收音机，电视压根儿就不存在。空中飞过一架飞机，已是引起轰动的稀罕事。我母亲每年收到住在美国的姐姐写来的两三封信。这些信是写给她的父母和在德国的三个姐妹的，要在路上走14天。信到德国后手手相传，直到最后到我母亲手中。

当时，著名的汉堡拉埃茨海运公司用大型帆船从智利运来硝石，跑一个来回要两次绕过好望角，需要好几个月的时间。现在，巨型集装箱船和油轮早已取代帆船和汽轮；每天有多个航班往返于欧洲和拉美之间。从法兰克福飞往智利的圣地亚哥，仅仅需要 17 个小时。为了开一次重要会议，可以在早上飞往纽约，第二天早上已经回到了德国。不过，对一位经理来说也不是非要飞过去不可，他也可以安排一次电话会议。参加会议的可能不只是法兰克福和纽约或底特律的同事，东京或上海的同事也会参加。

现代航空和电信联系大大缩短了地球上的距离。在北京的饭店里看到德国电视一台、二台或者美国有线电视新闻网和英国广播公司的电视节目已经是很自然的事情；全球亿万观众观看遥远国度电视节目的日子也已为时不远。现在，年轻人用手机和大西洋或太平洋彼岸的朋友通电话，而且人们早已能够在几秒钟之内用电子邮件把整份报纸和整本图书发往全世界。美洲、欧洲、亚洲能够上互联网的人数已经数以亿计，而且还在迅速增加。只要受到足够的教育和培训，他们就能够以这种方式使用几乎所有的科学文献，包括含有全部数据化的军事技术文献。

电信的全球化已经势不可挡，更不可能逆转。然而，对这个全球化过程所产生的巨大影响，目前却只能看到一个轮廓；而对于这个过程的另一面所包含的种种危险，现在也只能有些预感，其中包括从恶意侵入他人电脑系统、伪造或删除其内容到策划和准备实施国际犯罪，从煽动国际金融市场恐慌情绪到散布虚假政治信息或传播误导他人的宣传和意识形态内容，等等。

电视节目的全球化不仅仅限于体育和娱乐节目，它也包含了选择镜头和要闻方面的高度片面性。近几十年，我们在美国和欧洲看到了各种传媒不断集中于少数跨国私人康采恩的过程，可以把这种状况称作国际寡头垄断。几十年来，我们已经熟悉德国和英国马路小报对大众的影响力，并且知道，绝对有人从中追求政治目的。这些报纸已经成为影响大众的强有力的因素，从而也就成了强有力的政治因素。今后电视也可能出现类似的情况。只要德国电视一台和二台能够坚持既不受国家的操控，也不接受私人寡头的思想指令，在德国就不需要过分担忧。但意大利不幸已经出现电子传媒政治影响力集中的情况。这样的集中，能够使宪法规定的分权和言论自由原则在事实上失去效力。

很快就可以看出来，互联网会不会也出现类似情况。

迄今为止，这种传媒躲过了任何监督。反对国际恐怖主义团体和组织的斗争能否成功，也取决于能不能铲除它们的电子网络。

在世界范围内获取知识特别是技术工艺的可能性，将使一些发展中国家，主要是所谓的“新兴国家”，今后可以更多地以产业化的方式生产原来需要从先进工业国进口的产品。它们将成功地出口一部分上述工业品，因为这些国家的工资明显比老工业国低，产品也就更便宜。这种廉价品的竞争使得工业国的企业、劳动岗位和生活水平受到成本方面的压力——先是在简单消费品领域，但高端产品市场受到的压力也会越来越大。例如，韩国造船业早已把德国、美国甚至日本的造船业挤出世界市场。与此相似，印度的软件工程师业已在世界市场上抢占了相当大的份额。

老工业国如果想要保持自己的就业数字和高水平的生活及福利状况，就必须设法通过研究、开发和推出新产品，更新和扩大自己的技术领先优势。在世界性的技术竞赛中，美国企业迄今占据领先地位。它们受国家干预较少，并且有一大批优秀大学和研究机构作为支撑。

如果欧洲工业国想跟上美国的步伐，就必须在研发方面做出比过去大得多的努力。但是，它们是否具备为此所必需的力量，能否对其他领域的预算进行必要的压缩，看来还是一个问题。

国际金融市场的脆弱性

硬币形式的货币，中国早在孔子时代就已经有了。希腊在大致相同的时期，罗马帝国稍晚一些，也有了硬币。欧洲从 17 世纪末开始有纸币。而仅仅几代人之前，住在荷尔斯坦的勃拉姆湖[1]周边的农民，要跑到老远的修道院去交纳实物什一税。我妻子年轻的时候当教员，还要每月一次到教育机关去领现钱工资——今天，哪里还用什么工资袋呢？工资是电子划拨的，我们自己也常常使用信用卡电子付款。我们的钱不再放在钱夹子或者保险柜里，而是存进电脑和结算中心。尽管两千年前就

① 位于德国北部石荷州基尔市附近。——译注

有了远距离支付的国际援助款，后来又有了远距离支付的贷款，但现在，每一分钟都有数以百万和数十亿计的货币通过电子划拨在全世界流动。各国中央银行总还能知道以其货币存在的钱数总共有多少，这真是一个小小的奇迹。

不过，世界上没有一位中央银行的行长敢于判断，五年之后甚至只是五个月后，美元和欧元或人民币之间的汇率会是个什么样子。尽管过去总会不时发生制造劣币的事情，但直到 1914 年，持有大国的硬币或纸币的人，依然信赖它所具有的等值金、银的价值，汇率也就因而长期保持着稳定。第二次世界大战就要结束的时候，在北美小镇布雷顿森林，人们试图建立一种稳定的汇率体系：每种货币的币值都以美元固定，而美元自身的币值则同黄金挂钩。历经四分之一世纪之后，越南战争的花费导致美元疲软，这个体系逐渐崩溃。当时，美国印了太多的美钞，却不再用黄金兑换美元，固定汇率制随即土崩瓦解。从 20 世纪 70 年代早期开始，汇率在世界历史上第一次自由浮动。这样，兑换美元的汇率便从最初的 4 个德国马克变为后来的 1.40 马克，然后又变为

3.30 马克；2004 年夏，1 美元兑换 0.80 欧元，相当于 1.60 马克。

果如所料，汇率的混乱无序催生了数以千计的投机家。有人投机美元看跌：他现在约定将来的某一时刻卖出一大笔美元，买进欧元。这个人目前并没有这笔美元，但指望在约定的时间到来前可以用较低的价格弄到手。反过来另一些人投机欧元看跌。不过，双方也可以不在法律上承担卖出或购进另一种货币的义务，而只是协议进行一种期权交易；双方都保留退出交易的自由，当然要为此支付费用。现在这种金融衍生物交易——大多数情况下要复杂得多——已经涵盖全世界，几秒钟就可以电话成交。从交易额来看，每天的数额可能是商品贸易的 50 或 100 倍。

20 世纪临近结束的时候，投机欲席卷了全世界几乎所有金融中心的全部大银行。90 年代，在新经济造成的群众性亢奋心理下，人们用天价买进一些创建伊始、尚未生产任何产品的企业的大笔股票。而这个“肥皂泡”一破裂，全世界数以百万计的轻信者几十亿的财产便打了水漂。长期投资管理基金的案例表明，连那些获得诺贝尔奖的经济学家也难以逃脱投机失败的命运。由始作俑者美国金融机构的并购接管热属于类似范畴。各类银行、投资基金、保险公司和经济评估公司都参与其中，绝大多数用的是别人的钱。许多人打现行法律的擦边球，有些人罔顾规则和道德，不少人有不法行为。

金融市场上的败坏行为——我称之为猛兽资本主义——如果只是发生在一国经济的范围之内，局面也许还可以控制。但情况早已不是这样了。事实上，世界每个大金融中心的股市，时时刻刻都在对其他任何一个金融中心的行情变化做出反应。比如，假如日本或韩国对银行提供国家支持，华尔街的股票行情就会有反应；如果俄罗斯或阿根廷无力用外汇支付到期利息，世界上的金融中心几乎全会做出反应。因为，几乎到处都有外国资本卷入。

如果一个外国人把他的部分资本投在印度尼西亚，形成新的生产能力，一般说来可以使他获利，并且对印尼的国民经济也有好处。但如果一个外国人投资购买印尼的股票，他冒的风险会大一些；而对印尼国民经济来说，风险就更大。因为如果投资者受到迅速传播的某种消极预测的影响而突然抛售股票，雅加达就会天塌地陷。至于外国随时可以撤回的、以种种有价证券方式进行的投资或外国短期信贷，情况也类似。东亚、南亚和拉美发展中国家一方面引进了相当多的短期外国资本，另一方面国家又在国外举债，因而一再发生金融危机。工业国家——主要是美国——和国际货币基金组织（IMF）敦促发展中国家开放短期资本交易，是犯了一个具有高度风险的错误。

国际货币基金组织的救助行动在许多情况下有助于克服危机。但得到拯救的，大多数不是债务国的有关公司和银行，而更多的是西方的金融机构；因为在大多数情况下，是它们拿到了欠付的利息和红利并且收回了自己的本金。由西方国家作为债权人组成的所谓“巴黎俱乐部”，通过免除国与国之间的债务或者允许延期偿还债务，也对解决危机做出了重大贡献。但上述情况绝少波及私人投资者；而西方纳税人对自己的损失几乎毫无察觉，因为各国不公布资金平衡表。不过，代表私人债权机构的所谓“伦敦俱乐部”所采取的救助行动，却是以这些机构的私人资本为成本的。

与国际货币基金组织同时在布雷顿森林成立的世界银行，主要通过在国际金融市场上发行债券筹集资金。迄今为止，它完成了以贷款方式提供发展援助的任务，没有出现多大危机。然而，自从国际固定汇率体系崩溃之后，国际货币基金组织却丢掉了它原先的主要任务，转而到处去为国际金融灾难解决危机。不妨设想，本可以委托国际货币基金组织为世界金融市场提出一项建立公平秩序和稳定的方案，并且还可以进而赋予它实施监督的任务，因为几乎处处都需要用国际上商定的、更加严格的标准去整顿和监督银行、投资基金和保险公司等机构。可是，如果把国际货币基金组织变成一个时刻准备为全世界提供财政援助的“救命债主”，那就没有多大意义了，因为这样做会刺激某些政府和银行去冒更多的风险。国际货币基金组织最重要的任务应当是，以批评的眼光观察金融市场情况，建立透明机制，为各国提供财政、经济和社会政策方面的咨询。当然，在这方面过于乐观是不适当的，因为国际货币基金组织设在华盛顿，而华盛顿的利益在国际货币基金组织中具有最大的影响。

虽然还不能说已有把握，但30年来的经验却已经显示了一种可能性，即通过各大国的合作和国际货币基金组织的工作，今后若干年可以成功地防止发生世界性的经济和金融危机。人们期望华盛顿、法兰克福、北京三大中央银行联手，在最重要的三大货币之间建立起某种稳定的三角关系。虽然这可能还需要几十年的时间，但我们却可以较有把握地期待，几年前诞生的欧元和欧洲中央银行将对汇率产生稳定的作用。

太多的人掌握太多的武器

据专家估计，目前国际军火贸易额每年约达250亿至300亿美元。俄罗斯所占份额约为35%，美国约占25%，它们是最大的供应国，然后是法、英、德三国。核武器和可供制造核武器的铀的进出口受到《不扩散核武器条约》（Treaty on the Non-Proliferation Nudear Weapons，NPT）的严格禁止和国际原子能机构（IAEA）的监督；而轻重武器、小型武器和炸药的买卖，从国际法和事实上看是完全自由的。这种买卖对出口国的经济来说，意味着增加贸易额、利润和工作岗位。不过相对于这些国家的整体出口来说，这些好处是微乎其微的；除此之外，还应当算上施加政治影响所取得的效果，这却是难以用数字表示的。从另一方面算账，根据红十字会 1999 年的一项研究报告，每年单单死于小型武器的人数就至少有 50 万人。这个数字勾画出一种全球性的危急状态。对此，迫切需要借助一套全球条约体系加以限制。

在苏联解体后的十年中，军费支出先是呈现出全球范围的下降，下降最明显的是俄罗斯（以及苏联其他继承国）和欧洲。后来，这种可喜的变化却发生了逆转。2002 年全球军费开支重新达到 1992 年的水平，武装冲突的次数和伤亡人数也没有减少。与小型武器的作用相比，飞机、坦克、导弹、大炮等大型武器系统在这些冲突中只起着次要作用，四分之三的平民受害者伤亡于手枪、机枪、步枪和手榴弹。

在世界范围内，有 600 家小型武器和轻型武器生产厂家。据联合国估计，目前可供买卖的小型武器有 5.5 亿件之多。其中大部分来源于正规部队的富余库存或官方军事援助。小型武器是通过世界范围的非法交易走私得来的。正是这么巨大的数量，使小型武器成了当代真正的大规模杀伤性武器。“基地”组织在美国的恐怖袭击使近3000人丧生，也不过仅仅使用了小型武器。小型武器和炸药是非国家暴乱及恐怖组织的基本装备。

最近，伦敦国际战略研究所（IISS）对积极活动的恐怖组织做了调查。单单在欧洲就有10个这样的组织被记录在案，分布的区域从北爱尔兰、巴斯克到塞尔维亚；俄国有4个，主要在车臣和周边地区。中东和北非有20多个，据悉其中几乎有一半是进行自杀式袭击的。在亚洲的其他部分和撒哈拉以南地区，非国家武装组织的数目几乎无法弄清楚。在反击恐怖袭击方面，如果有人以为可以对这些武装组织一刀切，能够统统用军事手段战而胜之，他就会放过在具体个案中以务实行动消除冲突根源、通过妥协缓和紧张局势并使双方受益的机会。

在中东和亚洲的恐怖主义组织当中，“基地”组织是最重要的一个。伦敦国际战略研究所认为，这个组织遍及60个国家，至少有2万名在阿富汗“基地”训练营受过培训。在失去阿富汗的基地和美国组成反恐联盟之后，“基地”组织不得不全部转入地下。但是，伊拉克战争使伊斯兰世界如此群情激愤，显然使得“基地”组织目前又在许多伊斯兰国家找到了支持者和战士。如果以巴冲突不能得到根本缓和，就必须估计到“基地”组织可能会直接以暴力介入。而缓和甚至解决这场冲突的可能性与10年前相比变得更小了。世界将不得不长期忍受形形色色的伊斯兰武装恐怖主义的袭击。

同样，世界还要继续忍受而且是在无法预见的时间里忍受新型武器（如微型核武器及美国的导弹防御体系）的发展和大量武器的存在。尽管根据不少的国际条约，现有核武器的数量已经减少，但可供投入战斗的核弹头仍然有1.6万枚之多。俄罗斯和美国分别有5000多枚和约6000多枚配备核弹头的战略导弹；法、英、中各有数百枚（上述数字不包括已无法使用的核武器）。另外，上述国家还有总共4000余枚战术核武器，以色列、印度和巴基斯坦也有这类核武器。

自从广岛、长崎遭到核轰炸之后，还不曾有哪个国家使用过核武器。那时只有美国一个国家拥有核武器（没有导弹），今天拥有核武器的却有8个国家。作为技术全球化的必然结果，制造核武器的技能正在进一步扩散。目前至少有60个国家掌握了足够的理论知识，而且还存在窃取和黑市走私核技术的危险。《不扩散核武器条约》存在漏洞，特别是从20世纪60年代以来就卖力地推动这个条约的美国和俄国，自己却并没有遵守条约的全部规定。它们通过生产新的核武器破坏这个条约。此外，缔约国还可以像朝鲜那样退出条约。不能排除拥有核武器的国家会进一步增加。不过，更大的危险将是核武器（或生化武器）有可能会落入恐怖分子手中。

但是，小型常规武器（首先是冲锋枪）实际上正在毫无节制地扩散。在我看来，这才是21世纪存在的更大风险。仅仅在非洲，过去10年就有远远超过100万人死于小型武器。有关禁止地雷的国际条约迄今没有订立；试图订立一个禁止出口一切小型武器的世界性条约，同样会困难重重。如此多的致命武器掌握在如此众多的人手中，这在历史上绝无仅有。因此，达成协议，签订条约，进行军备监督，是各个较大国家及其政府和外交官的紧迫任务。同样紧迫的还有从国际法上阻止武器及军用器械的出口。美国（为抵抗苏联入侵）向阿富汗和（为同伊朗作战）向伊拉克提供的武器，最终被用来指向了美国部队，这也许能给人们一个教训。

第二章

美利坚帝国

2001 年 9 月 11 日袭击犯下的滔天罪行，导致美国国内——以及远远超出美国的范围之外——做出了若干对世界具有长期影响的政治决定。美国民族完全习惯于战争，特别是习惯于胜利（比如在两次世界大战中），也习惯于失败（比如在朝鲜和越南）。然而，敌人竟然成功地攻击了美国最重要的两座城市，美国人在本国土地上死亡 3000 人。这种毁灭性的晴天霹雳是破天荒头一遭，其直接的后果是美国感到了深刻的震惊。然而，政府只用了短短几天即以巨大的精力克服了几乎席卷全国的瘫痪状态。它宣布进行“反恐战争”，并且掌握了公众舆论的导向。三年以后的今天，仍然无法完全看清楚这个决定的后果。

当然，有一些对内、对外影响已经很快地显现出来，其中包括国会也认同的这样一种信念：因为需要用军事手段进行和赢得这场“反恐战争”，所以必须为这场战争增加军事装备。另外，这里也包含这样一种意图：不能让美国在这场战争中依赖其他国家。当北大西洋联盟和北约组织想要提供援助并且——在其50余年的历史上第一次——宣布为此履行联盟义务的时候，华盛顿让大家明白：我们不需要北约。后来，当布什政府准备对伊拉克开战的时候，情况也变得很清楚：我们也不需要联合国和安理会。我们要根据具体情况分别寻找盟友，谁在这场反恐战争中不支持我们，谁就是反对我们。美国向其他国家的政府——以及公众舆论——明白无误地宣布单干的意图：我们已经下定决心单干，我们也有足够的力量单干。

那几个月，我在柏林、巴黎、莫斯科和北京发表公开讲话或者同政治家们会谈的时候，总是谋求人们理解美国那种神经质的反应：大家只要想一想，如果“基地”组织袭击的不是五角大楼和世贸中心，而是法兰克福银行区、埃菲尔铁塔、克里姆林宫或者北京故宫，那么在我们国家、法国、俄罗斯或中国不是也会歇斯底里大发作吗？我们各国政府不是也会号召竭尽全力进行抵抗吗?

事实上,“基地”组织的袭击起初在许多国家的人民中,特别是在欧洲各国人民中激起了一股赞同、同情和声援美国的浪潮。美国政府却几乎未予理会。无论如何,它并没有利用欧洲准备与美国同仇敌忾的意愿,相反,却反复进行战争威胁、自顾自地准备打仗并且表现出了形形色色自负傲慢的行径,从而在2002年一年中,令人惋惜地使欧洲各国公众的看法普遍出现大逆转。取代对美国声援的是对美国政策的批评和厌恶。这也包括那些其政府最终宣布支持第二次伊拉克战争的国家,比如英国、意大利、波兰及西班牙。

2002年以来,反美主义之强烈为欧洲多年以来所仅见。可惜许多美国人直到现在也不明白,正是他们自己的政府造成了欧洲舆论的大变化。而由于美国宗教和准宗教原教旨主义(这种原教旨主义甚至可能危及美国自然科学和医学的研究自由)的种种宣示,后来更由于在伊拉克所使用的违反国际法的审讯方法以及在古巴的美国关塔那摩军事基地同样违反国际法对俘虏的单独囚禁,导致这种反美主义变得更加强烈。看来,布什政府似乎坚信，它一般是不受国际法约束的，在美国国界之外也是不受美国宪法制约的。尽管如此，人们还是可以把一线希望寄托在美国自由报刊重新苏醒的批判意识上，最后寄托在美国最高法院的独立性上。

人们常常忽略，2001 年 9 月 11 日以后公开表现出来的美国单边主义，其实在此之前已经有一段漫长的历史，它的发展已有多年历史。在冷战时期，美国扮演领导角色对西方来说是极其自然的，这种角色源自第二次世界大战后西方国家之间形成的力量对比。战后前 20 年，美国在政治、军事、财政领域超乎常规地提供援助并实施领导，使得美国的霸主地位直到 20 世纪 60 年代中期都被认为是完全适当的——戴高乐总统是唯一一个重要的例外。战败国日本和西德对于美国接纳它们加入西方联盟体系并使之受到保护，更是感激不尽。

从杜鲁门经艾森豪威尔到肯尼迪，美国政府从不过分地利用其领导地位。肯尼迪甚至讲过支撑大西洋联盟的有两大支柱，从而赋予欧洲支柱与美国支柱同等的地位。而今，40 年以后，几乎没有哪一位美国政治家会再使用这样的描述。因为，苏联解体之后，世界政治力量发生了大大有利于美国的变化。早在克林顿时代，有些美国政治家就已经不再掩饰他们的超级大国意识了。

中间有一个时期，特别是福特、卡特、里根和老布什当政期间，美国起初总体上还是遵守由它自己创立和批准的条约和规则的，这首先是指遵守《联合国宪章》。间或有个别例外，也没有特别的分量。老布什政府任内，苏联崩溃了。之前不久，布什还同戈尔巴乔夫促成了战后两个德意志国家的统一——他们大度地把 1919 年凡尔赛会议的程序颠倒了过来。这一次，不再是战胜国关起门来谈定和约，然后迫使德国人签字；这一次，是两个德意志国家先谈成条约，然后由美、苏、法、英四个战胜国予以认可（2 加 4 条约）。事后来看，有关各方的这个光辉成就可以被看作是漫长的美国多边主义时代的结束。

虽然 1999 年曾堂而皇之地宣布，经各成员国谈判，一个“新北约”诞生了，但是半个世纪前这个军事同盟因之而建立的那个敌人却已经不存在了。1999 年的情况明显地表明，美国已经把继续维持联盟的存在，特别是把北约庞大的军事机器看作是控制欧洲的理想工具。在此之前，华盛顿早就敦促欧洲对巴尔干进行“人道主义干预”了；其间美国还轰炸了贝尔格莱德城区和几座多瑙河大桥，两者都是违反《联合国宪章》的。根本没有要求联合国安理会做个决议批准这种攻击，当然这种决议也不会通过。类似性质的违反宪章的行为早些年已经发生过。里根当政时，加勒比小岛格林纳达挨过轰炸；克林顿当政时，挨炸的是苏丹。由于这些事情没有引起世界舆论多大的轰动，美国的盟国也就没有过多表示反对，而是容忍了这些违反《联合国宪章》的做法。

自从克林顿政府上台，特别是小布什政府当政之后，美国“单干”记录的单子越来越长。这张单子包括：参议院长年拒绝履行美国向联合国交会费的义务；美国不遵守《不扩散核武器条约》的精神；不批准《全面禁止核试验条约》；宣布废除1972年与苏联签订的《反弹道导弹条约》；提出“美国国家导弹防御体系计划”；（与土耳其一起）拒绝加入《禁止地雷公约》；拒绝批准关于减少二氧化碳排放量的《京都议定书》；中断关于加强生物武器议定书效力的谈判；拒不批准关于国际刑事法庭的《罗马公约》；违反世界贸易组织规定，征收钢材进口保护关税；违反《日内瓦公约》，将战俘（及其他在押人员）押往关塔那摩并予以单独囚禁。

肯定，其他国家也有违反《联合国宪章》和业已签订的条约的情况，也有别的国家曾经拒绝批准已经谈好的条约或废除条约——这两种情况都是允许的。但在当代世界，民族利己主义行为竟然能列出如此长的一张单子，却是颇不寻常的。这个单子表明：不只是克林顿和小布什总统，而且还有参、众两院的议员们，都在自负心理的驱使下，确信他们的国家是凌驾于世界所有其他国家之上的，因而也就没有必要接受约束。

导致这种自我评价的原因很清楚。与周游四海、熟知世界的政治家相比，一个对美国之外的世界几乎一无所知的国会议员极有可能更易于陷入这样的看法。这也适用于总统候选人和总统。他们在当选前很少接触对外事务。如果他们直到昨天还在美国50个州中的某一个州担任州长，那么，内政和管理就是他们承担的任务；而直到昨天，竞选和为竞选筹款就是他们个人最重要的政治经验。通常，只有选进白宫以后，他们才开始认真处理外交和战略问题。这时，良好的政治本能和健全的理智绝对可以大有裨益。但是，他们要依靠具备外交和战略经验的人建言，还需要依赖他们的部长、官方和私人顾问、工作班子，以及他们的讲演撰稿人。正是这些帮手建议他们宣布什么“和平红利”、“世界新秩序”或者“邪恶轴心”。

在美国，特别是在华盛顿，在所谓的智库里有许多外交专家；在某些大学、从事国际活动的银行、企业和律师事务所里也有。他们当中一部分人早年曾担任过驻某国首都的大使或国务院、财政部的副司长。美国拥有一支由大批具备专业资质的人士组成的基干队伍。他们愿意、部分人甚至渴望担任几年公职。大多数人觉得，通过选举在议会谋得一席地位不够划算或过于辛苦，或者认为自己并不适合此道。而他们当中有些人却拥有关于美国历史和对外关系的渊博知识，令许多众议员、参议员，也令许多欧洲人羡慕不已。

不过，大多数美国政治家对欧洲的了解却逊于欧洲人对美国的了解。这并不奇怪，因为与北美相比，旧大陆远远丰富多彩得多。三个北美大国面对的是欧洲 30 多个中小国家和微型国家。它们几乎都有自己的语言、自己的文化特性、自己的民族历史和自己的国家特性。即便欧洲人自己要想对本大洲了如指掌，也是困难的。一个葡萄牙人对芬兰知道些什么？一个匈牙利人对爱尔兰又知道什么？而对于美国人，事情就更加困难多了。所以，不足为奇，美国政治家迷惑不解地提问，欧洲人为什么觉得联合起来是如此困难，并且把我们看成窝囊废，因为我们一直没有联合成功。

然而，欧洲议会的政治家们的知识和判断力是否总体上就比他们的美国同行强，却又是大可怀疑的。关于今天的日本，美国人大概比欧洲人知道得多一点，而对于日本的历史，双方几乎没有人有什么了解。对中国的了解也一样。人们虽然知道一点毛泽东，但对于现代中国的第一位领袖孙中山，就只有专家熟悉了。至今依然强烈地影响后世的哲人和先师孔子，人们不过仅闻其名罢了。大西洋两岸对朝鲜历史都毫无所知，对菲律宾或印尼也毫无所知，对印度略有所知。对于中东各国人民的历史，人们毕竟还有一些支离破碎的知识，而对千余年的伊斯兰教发展史，美国和欧洲的政治家们却只有一些朦朦胧胧的了解。他们对当代伊斯兰恐怖主义的了解则要比对世界宗教伊斯兰教的了解多出百倍。对非洲各国和各国人民，美国政治家通常要比他们的欧洲同行了解得少，特别是比法国和英国的同行少。与此相反，美国一些政治家关于拉美的了解要比他们的大多数欧洲同行完整，西班牙和葡萄牙的政治家除外。

美国帝国主义的根子

当 1648 年缔结《威斯特伐利亚和约》[1]，从而为各国间的法律关系奠定基础的时候，美洲还不起什么作用。当时美洲虽然有葡萄牙人、西班牙人、荷兰人、英国人和法国人的殖民地以及还没有被欧洲人统治的大片土著居民区，但那时不存在什么国家需要参加明斯特和奥斯纳布吕克谈判。美国进入世界历史发生在此后的 100 多年，它在 1776 年发表了《独立宣言》。这个行动本身代表着力量、自信和决心。整整 12 年之后，宪法于 1789 年生效。同年，作为对宪法的补充，美国通过了《人权

① 指结束欧洲三十年战争（1618 ~ 1648 年）的和约，由两个和约（即《明斯特和约》和《奥斯纳布吕克和约》）组成。——译注

法案》。

对于费城制宪会议需要解决的问题，当时有过一场富有成果的辩论。欧洲人最近曾就欧盟宪法进行争论，假如事先读过《联邦党人文集》上发表的论述宪法基本问题的80多篇论文，他们就会对那场论战水平之高感到惊奇。这个《联邦党人文集》表明，其作者们的水平已经和欧洲的治国理念不相上下。在德国，半个多世纪之后才在法兰克福的保罗教堂进行了类似的讨论，并且还援引过《联邦党人文集》和美国宪法。

以欧洲的尺度衡量，美国上述三个基本文件具有无可比拟的稳定性，直到今天都在这个国家的实际政治生活中经受了考验。这是许多美国人为他们的国家感到自豪的主要原因之一。但是，没有任何一部宪法能够一劳永逸地把基本政策方针固定下来；外交政策更是如此，因为它需要对千差万别、变化多端的形势做出反应。但是，每个国家都有一些固有的外交传统。所以，谁要想弄懂美国今天和明天的外交政策，就必须了解它的外交传统。

200多年来，美国的外交政策存在三个基本取向。

它们始终同时并存；有时这种取向，有时另一种取向会突出地体现出来。在这个过程中，孤立主义和单边帝国主义会交替出现，但也常常重叠交叉和相互渗透。还有第三种力量，那是一种与生俱来的天赋意识，是一种根据上帝旨意教化世界的使命感。

200 年前，一直到进入 19 世纪后相当长的一段时间里，美国人把英国看作遥遥领先的最重要的大国。独立只能从英国夺取；1812～1814 年同英国作战，英国人把华盛顿城付之一炬；加拿大处在伦敦统治之下，双方因为美加边界问题，关系出现紧张。不过，在造成 63 万人死亡的美国内战（1861～1865 年）期间，英国却保守中立。

1823 年，詹姆斯·门罗宣告了他的孤立主义理论：美国将不干涉欧洲的战争，欧洲列强也不应当在北美洲和拉丁美洲进行任何进一步的扩张。而在此之前多年，美国本身早已强烈渴望扩张。印第安人的领土被无情地占领。1803 年，托马斯·杰斐逊总统用象征性的价格从法国人手中买到幅员广大的路易斯安那，从而把美国的面积扩大了一倍；接着又把边界推进到太平洋沿岸。

1845 年，美国兼并了原属墨西哥的得克萨斯。1846 年，爆发对墨战争，战争结束时墨西哥不得不向美国割让大片地区——其中包括现在的加利福尼亚、亚利桑那、内华达、犹他、科罗拉多、怀俄明和新墨西哥诸州。

迅速增加的欧洲移民，支撑着这种以向西为主的扩展过程（经过一番争论，美国早在 1819 年就从西班牙人手中买下了佛罗里达）。俄勒冈热、淘金热以及诸如“manifest destiny，new frontier，go west，young man!”（年轻人，去西部，昭彰天命，开辟新边疆!）之类的口号起了推波助澜的作用。由于这种领土扩展无损于欧洲列强，所以对这一段美国历史的描述大多数是中性的，只把它称作扩张。不过，也可以把它称作美国的早期帝国主义——这样说，并非一定要引申出道义上的谴责来。

早在 19 世纪 50 年代，就已经暴露出地地道道的帝国主义行径。这就是美国派遣战舰前往日本，佩里司令迫使日本结束了德川幕府统治下延续两个世纪的极端锁国状态，从而为明治维新——从结果上看，也为令人瞠目的日本现代化——做出了重要贡献。60 年代，美国将太平洋上无人居住的中途岛据为己有，这个岛屿后来在第二次世界大战中取得了巨大的战略意义。同样在内战结束后不久，美国从俄国沙皇手中买下了阿拉斯加。这样，美国在疆土问题上算是大功告成，从此心满意足地过了几十年。直到19世纪最后10年，美国外交政策中的帝国主义基本取向似乎没有再产生直接的影响。

在进行扩张的各个阶段，美国同时也在坚持孤立主义。英法战争时，首任总统乔治·华盛顿宣布美国中立。1796年，他在告别演说中警告美国，不要把自己的命运同别人的命运搅在一起。直到今天，在美国的外交政策讨论中还能听到人们不断重提托马斯·杰斐逊的警告：不要结成缠在一起的联盟（entanglingalliances）。杰斐逊1801年讲的这个字眼，同样被孤立主义者和帝国主义者使用；尽管动机不同，但两种取向都反对美国建立多边关系。这种根深蒂固的孤立主义终于阻止了美国在1919年参加伍德罗·威尔逊倡议成立的国际联盟。第二次世界大战时，富兰克林·罗斯福虽然愿意帮助希特勒的对手，却并不想让美国参加战争。他这样做，完全是继承了孤立主义的传统。日本袭击珍珠港和希特勒对美宣战，才促成美国投入战争。

反对苏联的冷战，几乎导致美国在二战之后彻底转向，使孤立主义这个基本取向差不多消失了整整半个世纪。但小布什上任之后，人们却看到：现代帝国主义感到自己已经足够强大，可以放弃妨碍美国的那些关系了。估计这不会是最后一次。

在谈及下一步的发展之前，我想先提一下最近发生的、对于了解美国外交政策堪称重要的一些事件。对于美国历史，许多欧洲人只有一些模糊的了解。我自己是在 1925～1937 年间上的小学和中学，最后 4 年是在纳粹时期。直到二战结束，对于美国历史，我只了解三件事：门罗主义、内战解放奴隶和威尔逊的“14 点”①。说这个“14 点”在《凡尔赛条约》中“可耻地”没有实现，属于纳粹思想的套话。战争结束后，我们这一代人不得不自己去搜罗历史知识。我希望后代人的历史课能上得稍好一些，但能否如愿，却并没有把握。比如，1901～1909 年的美国总统西奥多·罗斯福被他的同胞恰当地称为帝国主义者，但经他斡旋却签订了结束 1905 年日俄战争的《朴次茅斯和平协定》，他也因而在一年之后获得

① 指美国总统威尔逊 1918 年提出的 14 点和平纲领。——译注

诺贝尔和平奖。今天谁又对他有些许了解呢?

对西奥多·罗斯福来说，与英国保持密切关系是一件不言而喻的事。美国的移民有一大部分来自英国和爱尔兰，美英之间早就感觉不到存在什么紧张关系了。而作为海上大国，双方也相处颇佳。美国海军军官阿尔弗雷德·塔耶·马汉关于近代海上强国意义的论文，为建设强大的海军和取得海军基地奠定了理论基础。马汉对美国政治的意义，与早他三代人的卡尔·克劳塞维茨对德国的意义类似。1898 年，由于在古巴发生的一次偶然事件，美国与西班牙开战，其结果是，西班牙已经占据了数百年的菲律宾归属了美国。同时美国取得了夏威夷、关岛和威克岛——全部是太平洋上的海军基地。罗斯福早在担任总统之前就已经着手建设一支具有威慑力的海军，1903 年，他强行使巴拿马脱离哥伦比亚，因为控制正在设计的巴拿马运河区，对他来说具有决定性的海洋战略意义。最后，作为对门罗主义的补充，他宣布美国有权对拉美国家采取警察干预行动。

罗斯福的继任人伍德罗·威尔逊总统，虽然干涉过墨西哥、尼加拉瓜、海地和多米尼加共和国，促成巴拿马独立并且修成了巴拿马运河——这一切都是继承罗斯福的衣钵，但同时也鼓吹过国际联盟。威尔逊想在全世界传播民主制度，因为他坚信和平是民主国家间关系的常态。他确信美国价值观无与伦比，他的有些话听起来类似小布什讲话的味道。

第一次世界大战以后，美国的帝国主义取向暂时中断。参议院拒绝加入国际联盟，重启美国回归孤立主义之路。但这只是一个短暂的阶段，20 世纪 30 年代末即因面对德国、意大利和日本的侵略而告结束。第二次世界大战激励美国全体人民和所有经济行业做出巨大而广泛的努力。战争结束时，美国在军事、政治、工业等方面都占据世界领先地位。与一战后的情况不同，美国这一次没有转向孤立主义。相反，在同苏联开始冷战的时候，美国目标明确，乐于牺牲（尽管遭受国内的强烈反对)，果断地把西方的领导权抓在手中。以 1947 年的“马歇尔计划”和 1949 年的《北大西洋公约》为开端，一个在美国历史上无与伦比的国际活动期开始了。此前，在美国的精神和政治领导下，已经成立了联合国、安理会、国际货币基金组织、世界银行和其他一些全球性机构。这是多边取向的胜利，这种取向以往只是在威尔逊执政时短暂地出现过。于是，美国帮助深受战争破坏之苦的欧洲各国人民重新站立起来，就连德国人和日本人也被包括在内。同时，美国面对其对手苏联成功地处理了欧洲的安全。

当然，美国完成如此伟大的工作并非仅仅出于大公无私的动机，但它却给几乎全世界带来了好处。从根本上说，当时的当务之急是抵御共产主义和遏制莫斯科的霸权要求。在这个过程中，美国在亚洲大陆（东南亚和朝鲜）远不像在欧洲（特别是在西柏林）和反对苏联在自己大门口的古巴部署导弹时那样成功。欧洲得以免受苏联霸权的统治，首先归功于美国的努力。对于这一点，没有任何英国人或法国人、挪威人或意大利人、波兰人或德国人会认真地加以置疑。欧洲人的这份感激之情直到现在仍然在起作用，特别是在英国。

当前，大多数欧洲人厌恶明确主张先发制人发动战争的小布什的霸权主义架势，这给他们的对美态度蒙上了阴影。这位总统给人的印象是，对于他的政府来说，强行推广其民主政府形式给别的民族和文化，远比保持稳定的和平重要得多。小布什政府在不断祈求基督教上帝保佑的同时，推行非自由的国内安全政策，这首先是在向那些想要坚持自由宪法传统的美国人提出挑战。而欧洲人不得不首先问一下自己：他这种外交政策将把我们引向何方？

帝国主义和民主是两个相互矛盾的原则。但是，一个在国内实施民主治理的国家，对外却完全可能实行强有力的帝国主义政策。欧洲人必须反问一下自己：如果美国的帝国主义政策得以实现，它会在多大程度上限制我们的民主和自决权？而对那些拒绝接受这种限制的人来说，又会进一步产生这样一些严重问题，即我们能够做些什么来反对这种限制？反抗的后果又会是什么？我们是否有足够的力量来承受这些后果？

欧洲政治家当中谁要是敢于明确回答这些问题，就必须避免对美国外交政策史做虚幻的解释。1945 年之后的美国外交政策给人的印象是，它是受多边主义和国际主义支配的。里根当政时首次偏离这种方针，后来在克林顿当政时偏离得更加严重。在克林顿执政期间，北大西洋联盟开始非政治化并且开始逐步转变为美国外交政策的工具。在小布什的统治下，美国彻底摆脱了联盟、联盟机构和联盟伙伴赋予的、被视为负担的义务。美国外交政策从而重新回到了西奥多·罗斯福时代。

从1945年到90年代这样一个漫长的多边主义时期是一个例外。谁如果把这50年的美国外交政策错误地看作常态，谁要是相信总统换人会自动导致重返多边主义政策，谁就会很快地认识到，自己是大错特错了。换一位总统和换一个政府固然会在语调和用词上比大家目前从华盛顿听到的温和一些，但是，美国独一无二的强势地位，无论对哪位总统和哪个政府都是一种诱惑，会使其情不自禁地加以利用。

美国的强项和弱点

从表面看，美国的强大主要在于它遍布全球的军事力量。美国把全球划分成五个战略指挥区，一为北美，二为南美，三为欧洲、地中海和非洲，四为中东和中亚，五为整个太平洋地区，即东亚、南亚和印度洋。每个指挥区均由一名四星级将军领导。目前美国士兵分布在156个国家，63个国家有美国的基地和驻军。美国海军、陆军、空军的实力确实显得不可一世。然而，阿富汗或伊拉克——即使在美国打了胜仗以后——令人不安的局势表明，单靠导弹和远程武器不足以控制另一个国家，为此需要更多的东西，包括要有许多士兵。这是美国顶级将领谨慎行事的原因之一。他们与五角大楼里一些文职官员头目的黩武主义显然有区别。不过无论如何，美国是当今唯一拥有覆盖全球的军事力量的国家。

但这只是当今美国实力的一部分。另一个至少同等重要的因素，是这个民族世世代代不可抑制的活力。千百万移民来到了美国，他们来自爱尔兰、德国、英国、意大利、波兰、斯堪的纳维亚或俄罗斯，来自全欧洲、远东、加勒比地区或墨西哥。他们在本国的时候，无论出于经济原因还是政治原因，几乎都待不下去了，所以只好走出去。他们的共同点是有勇气在一个新的、陌生的世界里开始新的生活。除了头脑和双手以外，谁也没有带更多的东西。但他们都有自信心，是乐观主义者，是生气勃勃的精英。这批精英繁衍生息，一代一代把他们的基因一直传到今天。

许多美国人那种令人惊讶的宗教虔诚和使命感也是世代相袭的，不是靠生儿育女，而是通过文化，通过家庭和学校的教育，通过社区和国家日常的实践。在千百万移民中，一开始就有许多人是由于宗教压迫而被迫背井离乡的，到美国以后仍坚持自己的信仰。另外一些人则因为移民后生活艰辛而更加笃信上帝。尽管日常生活已有很大程度的世俗化，尽管基督教会组织林林总总，比起大多数老的欧洲国家，美国人对基督教的信仰普遍地保存得多得多。在美元钞票上，至今仍可以看到一句格言："我们相信上帝。"

我访问美国已有上百次了。即使是刚认识的人，无论是在纽约还是中西部，是在得克萨斯还是加利福尼亚，他们那种活力、开放、乐于助人和好客之情，一再给我留下深刻印象。我 1950 年第一次访美是去芝加哥。我利用一个空闲的周末去明尼苏达州的德卢斯拜访远亲。他们在艰苦的战后岁月曾给我的一个住在汉堡的老姑妈寄过"美国对欧捐赠联合会"（CARE）的包裹。我的任务就是亲自去道谢。这些美国亲戚我一个都不认识，只知道一位叔叔的名字。我抵达火车站时，受到一大家子人的热情欢迎。第二天，奥古斯特叔叔带我看了他的小铸铁厂，并要为我提供一份工作，外加一座无人居住的空房子。他还劝我把妻子、女儿接来，因为他认为德国在很长一段时间里日子不会太好过。当时我们决定不去移民，但我的美国亲戚们那份慷慨和热心令我永志不忘，那时二次大战结束才刚刚 5 年。直到今天我还觉得，这正是典型地代表了美国人的气质。

这种质朴、大方是美国人民的一个强项。另一个强项是美国人那种天真的、不言而喻的基本信念，认为他们的民主制度和基本权利具有道义上的优越性。美国人极少会怀疑自己的国家。他们认为，既然民主对美国是好事，那么它对中国人或者阿拉伯人，甚至对全世界人也都应该是好事。

对美国来说同样不言而喻的是，美国的民族语言成了唯一的世界语言。英语在 19 世纪是好几种世界通行的语言之一。到 20 世纪下半叶，英语作为国际沟通的工具已在很大程度上挤走了法语和西班牙语。当一个西班牙人来到日本或一个法国人来到中国时，他们会与他们的业务伙伴或科学界同人讲英语。华尔街的投资银行家、华盛顿的参议员、美国的软件工程师、美国的总统，他们都不需要掌握外语。这对于美国人十分有利，因为用母语来表达思想比起用好不容易才学会的外语来要方便得多。这一有利条件今后几十年将变得更加重要，将大大加强美国的优势。

在即将达到 3 亿之众的美国人中间，当然也有几百万人精通一门甚至几门外语，或者至少能听会说。但外语课不是美国大学和教育制度的强项。大多数国立大学和中学的质量也不过是欧洲学校的平均水平。但是，美国的名牌大学作为教学和研究机构则是世界一流的。谁要是在耶鲁、普林斯顿、芝加哥、麻省理工、哈佛、约翰霍普金斯、斯坦福或哥伦比亚大学取得了硕士学位，通常他不仅是专业学得好，而且也受到了良好的教育，具有广泛的知识。我认为更重要的是，美国的名牌大学具有令人羡慕的研究和开发能力。与欧洲相比，它们在最大程度上摆脱了国家官僚的束缚，因而成为美国强大的一个重要因素。

有些欧洲人常常嘲笑美国媒体向全世界传播的通俗文学水平低下。虽然在许多场合这种嘲笑看来不无道理，但如果认为通俗的娱乐工业或者摇滚乐、大众音乐就是美国文化的标志，那就大错特错了。美国社会中有一个知识公民阶层，他们对于素质的要求一点不亚于欧洲。欧、美科学家之间以及知识阶层内部的密切联系有朝一日会成为一座重要的桥梁。通过这座桥梁，欧洲的影响将对美国的全球政策产生作用。

从旧大陆来的移民，其宗教、道德和政治的根在欧洲，其开拓创业的先辈们和美国典籍文件的撰写人也都带着欧洲的印记。后来情况反过来了，美国文学开始产生巨大影响。从赫尔曼·梅尔维尔、马克·吐温、埃德加·爱伦·坡到一大批重要的长篇小说作家，如威廉·福克纳、海明威、索恩顿·魏尔德、田纳西·威廉斯等，伟大的美国文学成了欧洲文化的一部分。这种情况也适用于美国独有的三大音乐发明：圣歌（Spiritual）、爵士乐和音乐剧，欧洲欣然把它们接受了过来。

美国通俗文化的影响当然要大得多。美国产品的推广，无论是通过电影、电视或者因特网，总是与美国生活方式、美国观念和美国宣传的传播同步。这样，美国娱乐工业称霸全球又成了美国强大的一个重要因素。美国总统的长篇政治讲话，其主要段落会通过卫星传送和锅形天线的接收，直接进入大阪、广州、汉堡、米兰、曼彻斯特、布宜诺斯艾利斯或墨西哥城的私人家庭。任何别的国家的政治家都不可能有如此大的全球影响。

美国对外政策的一个强项在于其传统的团结。这种团结赋予美国总统一种只有在专制国家里才有的、高度的外交行动能力。一旦遭到外来威胁，几乎就只有一条原则，那就是“团结在总统周围”（Rally behind the President）。这条原则之所以能得到绝大多数国会议员的切实遵守，要归功于盎格鲁-撒克逊的选举法，它实际上造成了两党制，使分裂小党难以成立。国会山的参众议员们肯定很要面子，但无论民主党人或共和党人都知道，自己有义务遵守19世纪中叶南北战争以来的各项传统。总统在立法程序中必须依靠国会的足够多数。除此之外，他自由得令人诧异，这一点在2001年“9·11”事件以后一再得到证明。尽管如此，最近几年美国体制内部还是发生了巨大的变化。

半个世纪前，我作为德国联邦议院的一名青年议员开始定期地访问美国，以了解美国的对外政策。那时我每次访问都用不了一周的时间，我只需在华盛顿和纽约待一两天，然后在新英格兰的某个名牌大学待一天就够了。我见到的是一批有外交经验的精英，他们同当时的德国人相比，有着高度一致的见解、价值观和目标，对苏联的冷战造就了在各项原则上的广泛共识。人们可以用当时流行的两个名词来说明这种共识，那就是“遏制”和“平衡”。如今，那些曾经为美国外交定调的政治阶层已经风流云散。自20世纪70年代中期以来，美国的总统都来自南部各州。除老布什外，他们在就职以前没有一个人是了解外部世界的。参众议员们的情况也类似，其中有一位竟然公开吹嘘自己不需要旅行护照，因为他不去外国。

100多年来，美国一直是世界强国。但是，美国最近一代政治领导人对世界的知识明显地减少了，其结果是美国的世界政策变得摇摆不定，难以捉摸。虽然在东海岸新英格兰各州和纽约，人们相当了解世界；在中西部和芝加哥，人们仍然了解欧洲和关心旧世界；但在加利福尼亚——已成为人口最多的一个州——人们主要是面向东南亚；在第二大州德克萨斯，人们首先关注亚洲的富油国；而整个美国南部则是把目光瞄准墨西哥和加勒比地区。“基地”组织在纽约和华盛顿犯下的罪行，以及随后美国宣布的“反对恐怖主义的战争”，虽然引起了政治阶层的同仇敌忾，但这种也许是暂时的团结掩盖不了以下事实，那就是美国长期以来缺乏一项由政治阶层整体承担的外交总战略。

苏联瓦解以后，美国的实力意识有所增强，而与此同时，以往在对外政策上保持一致的美国领导精英却出现了涣散。因此美国对外政策可能出现摇摆，而其结果是遭到削弱。近 10 年来，美国对外政策比过去更多地受到具有意识形态倾向的群体和智囊团的影响，目前突出的是那些被误导地称为新保守主义者的极端帝国主义分子。他们对于世界政治的实际情况和内在联系的了解及判断力很有限，远远比不上他们那种要肆无忌惮地运用美国军事优势的意图；他们目前对五角大楼的影响比对有外交经验的国务院的影响显然大得多。令人注意的是，艾森豪威尔总统早在半个世纪以前就提出过警告，要警惕被他称之为军工联合体的强大。今天这个警告并不适用于居领导地位的军人，而是更适用于美国政府里面居领导地位的文职官员，特别是适用于五角大楼领导层里面的文职官员。小布什上台以来，美国对外政策明显的军事化正是源于这些人，而不是那些稳重、谨慎得多的将军们和参谋长们。如果这种影响继续保持下去，从长远看有可能削弱美国对西方世界的领导能力，因为无论是欧洲的公众舆论还是欧洲的政治家们，都不愿意长期追随美国奉行的军事实力政策。

西欧有经验的政治领导人当然知道，美国对“基地”组织做出的军事反应所引起的同伊斯兰世界的全球性冲突（不同文明的冲突）是不能用军事手段来取胜的。但迄今为止，他们没有反驳美国新保守主义分子那种煽风点火的文章和言论，而只是限于用委婉的外交辞令来反对黩武主义对美国战略决策的影响。如果欧洲人继续采取这种机会主义的观望态度，那么当前美国那种极端片面仰仗军事优势的世界政策就会长此延续下去。这样，欧洲就可能产生来得虽晚，然而却更加激烈的反应。

从长远看，美国对外政策的重要性有可能退居到对内政策的后面，其原因在于美国社会的人口发展。到21世纪下半叶，西班牙裔美国人和非洲裔美国人将构成选民的多数。在21世纪中叶以前，他们提出的种种要求，如改善医疗养老保险、教育培训机会均等、享受晋升提拔和最广义的福利政策等，将改变美国政策内部的比重。

最后还要指出一个因素，它虽然只是间接地，然而却持久地危及美国世界政策的连续性，那就是：只有能为竞选募集到巨款的人，才有可能当选总统。据2004年4月初美国媒体报道，现任总统小布什为自己的竞选和7个月以后的总统选举已向经济界募集到了1.7亿美元，此后几个月内他还要继续募捐。他的竞选对手当然也会做同样的努力。这里姑且不论这种做法的民主性是否有问题，毕竟在我们德国也有极其可疑的私人资助竞选的情况。至于高度依赖这种捐献可能造成的令人不快的意外事件，我也只是顺便提一下。关于那些竞选资金如何使用以及用于何处的问题，我倒认为值得简单审视一下。

竞选人需要用钱，主要是为了在大众媒体上，尤其是在电视里做宣传。美国社会很少有人看报，电视是最重要的信息来源和施加影响的工具。大量地方的、地区的和超地区的私营电视频道靠广告收入过日子。广告的效果取决于收视率、节目编排以及评论员和新闻广播员的名望。电视编辑和他们的上司通过消息的选择及报道的方式，对美国的公众舆论产生很大影响。电视这个最重要的大众媒体在美国的影响比在西欧国家要大得多。

任何一个大众社会都容易受各种气氛、有时也受各种癖好和心态的感染。电视可以引发人们的情绪，搞电视的人自己都可能被这种情绪所左右。20 世纪 50 年代我经历过美国参议员麦卡锡煽动起来的对所谓共产党人的疯狂迫害，当时广播起了很大作用，后来才被电视所取代。30 年之后我经历了德国和平运动所制造的恐惧心理，这种恐惧心理主要是通过电视传播的。近几年我们看到，意识形态的时髦用语如何左右着美国社会大部分人的思维。诸如“无赖国家”、“邪恶轴心”、“反对恐怖主义的战争”等精心打造但又简单的概念，要是没有电视，就远远发挥不了如此巨大的群众影响。最近一个政治简单化的例子就是，要求把一个不参加伊拉克战争的国家看作美国的敌人。由于法国拒绝参战，几十年来在美国被称为 french fries（法式薯条）的炸薯条被改称为 liberty fries（自由薯条）。

当然，美国的大众社会并非唯一能被电视误导的社会。其他民主国家也容易受民族主义蛊惑的感染。早在公元前 5 世纪的古希腊就是如此。但具体到美国来说，鉴于美国的历史发展，人们有理由希望实用的理性将最终取胜。

美国资本主义支配全球

资本主义作为一个概念，在美国的三大典籍文件——《独立宣言》、《人权法案》和《宪法》（包括宪法修改的可能性）——里面并没有出现。18 世纪末撰写这些文件时，世界上还没有人知道这个概念，也没有人给它下定义。当 19 世纪中叶马克思和恩格斯开始宣传这个概念时，它最初只是用来描写工业生产方式：一人有资本，其他人出劳力，资本家便获得剩余价值。后来展开阐述这一概念的是马克斯·韦伯、维纳·桑巴特、约瑟夫·熊彼特。从鲁道夫·希法亭开始，人们谈论的是金融资本主义。这时主要不是涉及货物的生产，而是涉及有利可图的对流动货币资金的支配权，这种资金可以用来对某些重大的经济和政治决策施加影响。大多数美国人很少提市场经济，而是几乎只提资本主义；对他们来说，资本主义没有任何消极的味道。人们以为，用这个概念可以涵盖整个美国经济，从而也就认可了资本主义的原则。

美国人对财富的态度总的来说要比欧洲人宽容得多。许多美国人认为，富人之所以富裕，一般都是因为他们精明能干。这种观点源自传统的思维方式，人们习惯于赞赏成功者，因为每个人的机会是均等的。这种思维表现了美国的生命力和美国的一个强项。欧洲那种对平等和社会公正的强烈要求，迄今在美国发展得比较弱。平等的思想、共产主义或社会主义的思想，在美国从来就没有多少人拥护。由意识形态驱动的阶级斗争，在美国过去和现在都是例外。几十年前在政治上很有影响的两大工会组织——产业工会联合会（CIO）和美国劳工联合会（AFL），如今虽已合并，但比起欧洲的工会来只具有微弱的经济政策权力。它们已经认可了资本主义。同欧洲相比，美国每年的劳动时间要长，休假日要少得多，国家和企业的福利待遇也明显低得多。另一方面，美国企业和银行的经理人享有的决策自由要比西欧多得多。

这是美国企业和银行在世界性竞争中的有利条件之一。

第二个有利条件是，美国由庞大的国防预算资助的研究开发工作可以很快应用于民用部门。此外，私立大学和私人企业之间，尤其是在技术领域，存在着传统的密切合作。美国高水平的科研工作，对技术领先企业是一种巨大而一贯的支持。

第三个有利条件当然要数美国巨大的市场。欧洲人的共同市场还在慢慢成长，五年前才开始使用共同的货币，而且还不是在所有国家都通用。美国的统一市场和统一货币则早已存在好几个世代。另外，美国还不言而喻地实行传统的人员迁徙自由。只要能找到或者盼望得到一份收入更高的工作，或者能享受更好的生活条件，人们就很愿意迁移到另一个州去。

2000 年，美国国民生产总值占世界总产值的 21%，人口只占世界人口的 4.6%。美国人均国民生产总值遥遥领先，占世界第一（我把卢森堡作为例外不算）。但美国庞大的国民经济同世界经济的衔接却相对较少。2002 年，美国的出口只占其社会总产值的 7%，而日本占 10%，法国占 19%，德国占 28%。除了原油和资金这两大项之外，美国经济对世界经济的依赖程度比其他工业大国要低得多。

通过开发本国新能源和采用节能技术，美国可以大大减少对原油进口的依赖，但在可预见的将来还不可能彻底摆脱这种依赖。美国是世界上最大的汽油和航空燃油消费国。飞机，尤其是汽车，不仅是工业发展的决定性重要因素，而且也是美国社会运转功能和生活水平的决定性重要因素。因此，在今后数十年内，确保石油进口仍将在美国的战略和对外政策中占据重要地位。这方面，美国的财力也许能发挥有益的作用。

美国，或者说得更准确些，纽约是全球金融资本主义的运作中心和最大的重点。美国不仅在军事上，而且也在金融政策上是唯一具有全球行动能力的世界大国。这是一种能对世界大部分地区施加影响的强大力量。只要在某种外交形势或世界经济形势之下有助于美国的利益，美国总统就可以运用这一影响力。其中，金融行话中的所谓“华盛顿共识”起了一定的作用，这是指：美国财政部（国库）、中央银行（联邦储备体系）、华尔街某些顶级经理人、国际货币基金组织和世界银行机构中的大批美国工作人员以及美国在这两个设在华盛顿的全球机构中举足轻重的表决权，这数者之间存在着一种非正式的、不拘形式的但却卓有成效的合作关系。即使不存在任何危险，即使政府不施加任何官方影响，美国金融界都可以确保华盛顿的支持，反过来也一样。近几十年来，华尔街某些顶级人物曾被调往华盛顿担任公职，卸任之后又回到了华尔街。

纽约那些从事国际运作的大银行，特别是所谓的投资银行，就其财务决算和利润而言均属于世界一流，只有很少几个建立在国家基础上的银行能与之相比。美国一些大的审计公司情况也类似。它们对财务决算审计的操作，它们的评估原则以及向公众公开的做法正在全世界推广，至少那些在国际上交易股票的大企业是如此运作的。谁需要国际自有资本，进入纽约股市对他就有好处。

美国的金融强势有两个弱点。一是美国贸易平衡表中多年来逐年增长的高额赤字造成了外债加重。目前美国贸易平衡表中的赤字为每年5000亿美元，相当于美国国民生产总值的5%，比国防预算还多出1000亿美元。

与此相应的是，资本净输入（即减去美国全部资本输出以后）达到每年 5000 亿美元之巨。美国的外债每个工作日（除去周末）增加约 15 亿美元，目前总计约为 3 万多亿美元。其中四分之一成了中国和日本的货币储备；一大部分掌握在欧洲中央银行和属于欧元体系的各国中央银行手里；至少有一半分散在私人手里，包括在欧洲（主要是交纳所得税或公司所得税以后的资本）以及在俄罗斯、中东和拉美（大部分可能是由未纳税利润所构成的游资）。美国已经成为最大的国际债务国。

然而，小布什政府上台以来却推行赤字预算，通过寻求信贷不断扩大外债。不少专家担心地问：这种做法还能维持多久？美元对欧元的汇率在 2003/2004 年已经下降了四分之一，不少外国债权人也受到相当大的损失。虽然可以设想外国债权人对美国经济实力的信任还会保持多年，但也可以设想这种信任会滑坡，许多外国债权人会卖掉他们的美国债券，从而引发一场美元危机。一旦出现这种局面，任何一届美国政府都将下决心采取激烈的措施。无论调整预算或税收政策，还是限制进口贸易自由或国际金融交流自由，都会给美国和其他国家带来沉重的打击。美国在世界政治中的领导地位也会因此受到损害。

美国金融经济的另一个弱点是一部分美国经理人员品格上的弱点。自 20 世纪 80 年代以来，这些弱点表现为越来越喜欢从事投机活动，后来表现为荒唐地追求所谓新经济及其新发行股票的狂热。这方面的犯罪行为和丑闻层出不穷，涉及一度名望很高的安德森审计公司、安然公司（Enron）和世界通讯公司（Worldcom），直至纽约股市的领导。

我把这种触目皆是的蜕变称为“猛兽资本主义”，其他一些人则把它说成是“社会达尔文主义”，这里指的是：不顾公正和道义追求个人快速致富；热衷于不断推出老百姓琢磨不透的新的集资手段；通过靠外部资助制造股市风波，为恶意或善意收购商号争揽高酬金的咨询和指导业务，等等。此外，有些顶级经理人还巧取豪夺，通过虚报、抬高利润牟取上亿的报酬，甚至骗得别人把自己当作成功者来顶礼膜拜。

美国千百万国民把自己的养老保险委托给某个投资基金，因这些猛兽资本家的贪婪而蒙受巨大损失。另一些人在投放自己的积蓄时听信某个投资银行分析家的误导性建议，也落得同样的结果。不过，美国的私人储蓄率平均只有收入的百分之零。资本只是在银行和企业里形成，这是整个社会弱点的明显标志。

在资本主义蜕化这个问题上，现在美国的司法机关、监督部门和立法当局已经得出了一系列的结论，有一部分结论还有待做出。至于财政预算和对外经济的双重赤字问题，还没有任何转变观念的迹象。不管谁于 2005 年 1 月宣誓就任总统，都必须着手逐步解决问题，进行必要的改革。否则他就会眼睁睁地看着经济和世界政治的高度风险的来临，其后果今天还很难估计。

美国经济如果长期依赖外国资本输入，这将影响到美国同欧盟和日本打交道时的行动自由。但美国的国民经济，尤其美国的劳动市场是足够坚强的，必要时可以承受政府和发行银行采取的严厉措施。因此在我看来，尽管将来仍会有银行危机和股市危机，一种缘起美国的或者是席卷美国经济的全球性萧条不大可能发生。总体来说，美国的战略能量近期内不会由于经济原因而受到多大阻碍。

美国的战略选择

苏联的威胁消失以后，美国的军事经济实力使美国的外交行动有了高度的自主性。当前和今后几十年，任何一个国家，无论是俄罗斯或中国，还是哪个欧洲或亚洲国家，都不可能拥有类似美国那样高度的全球行动自由。这种状况在今后几十年内仍将保持下去。但美国的行动自由也绝不是无限制的。以下例子证明了这一点：中东危险的混乱局面；美国从索马里撤退，不干预卢旺达的种族大屠杀；还有美国虽一口咬定朝鲜进行核导弹装备，却也未能加以阻止。

美国政治家们到20世纪90年代才逐渐意识到自己新拥有的实力以及各种可能的选择余地。起初他们只是犹豫地开始评估和权衡种种可以设想的选择。直到2001年初小布什总统上台，才把这种全球优势的意识带进了政府。“9·11”事件引起的巨大震动，使得人们不可能理性地讨论美国的总体战略问题。这个阶段在美国一直持续到伊拉克战争以后，更准确地说，直到人们明白单凭军事上战胜萨达姆不能给中东带来新秩序，甚至还不能使伊拉克平静下来。与此同时，美国人开始怀疑，这场在可疑的前提下打起来的战争是否能对付得了伊斯兰恐怖主义。无论是大多数欧洲国家的公众舆论，还是中、俄、法、德等国的政府，都在战争准备期间就加以反对。他们开始公开讨论美国的军事单边主义，尽管是压低了调门的，但那时在美国国内还不可能进行这种讨论。

美国2004选举年不能为原则上明确美国总体战略的目标和方法提供特别有利的条件。虽然竞选斗争中不仅会冒出一些片面的夸大之词，而且也会出现一些明智的见解，但看来很可能要在选举过去以后才开始就美国的总体战略问题展开仔细而广泛的讨论。美国的总体战略迟早必须从目前这种几乎完全固定在对付恐怖主义的做法中摆脱出来。整个中东使美国面临种种问题和决策，而这些问题和决策将对全世界产生影响。除此之外，还存在着其他的美国必须予以回答的复杂问题，这些答案将大大影响到今后几十年的世界历史进程。

下面我想简要谈一些领域，在这些领域里我认为美国不可回避地必须于近期内做出原则的、总体战略的决策。所有这些决策需要先做分析，然后权衡各种可能的选择以及这些选择的效果和风险，最后再本着美国的长远利益加以评估。只有在对事情进行了理性的深入研究之后，方可做出决定。

我们从世界史中知道，有许多后果极其深远的决策是由个别人临时决定的。即使像美国这样三权分立的现代民主制度，也有可能由于某一突发事件而被迫立即做出一项具有原则性和长远意义的决策。有能力临时做出如此责任重大的决策，这正是人们要求美国总统所具有的领导素质的一部分。2001 年的“9·11”事件就是迫使人们迅速决策的一个突出例子。政府和国会对突发事件预防得越好、越全面，就越不需要临时做出原则性的和具有长远作用的决策。但历史也表明，一系列单个的小步骤最后也可能构成一项根本性的决策。美国对苏联的核军备均势战略（也称“恐怖平衡”）即是一例。无论美国将来的总体战略决策以何种方式、在什么时候、由什么人来做出，有一点是肯定的：美国在许多领域正面临原则性的决策。

最重要的决策之一涉及以下问题：美国是否愿意继续承认《联合国宪章》，还是愿意单边行动？在老布什执政时期，这一点几乎是毫无疑问的。但后来在克林顿执政期间，美国就多次违反了多边行动的原则。当时的参议院外委会主席、克林顿的一名对手、参议员杰西·赫尔姆斯走得最远。2000 年 1 月，他在联合国安理会会议厅的一次讲话中说：如果联合国要把它自以为是的权威在没有得到美国人民同意的情况下强加在美国人民头上，就将导致对抗并“最终导致（美国）退出联合国”。

2001 年初小布什政府上台伊始，就以多种方式摆脱和违反多边条约体系。2002 年 9 月，小布什发表《美国国家安全战略》声明，明确要求可以不顾《联合国宪章》禁止使用武力的规定，先发制人地发动战争。如果说在这个文件里面明确提出了美国在军事上永远称霸的要求，那么仅此一点还不一定就是违反《联合国宪章》。

但由于同时强调了有必要对拥有大规模杀伤性武器（迄今主要是核武器）的国家打先发制人的战争，这份令人惊讶的声明就不仅表达了单干的意志，而且还为今后可能进行单边战争以巩固自己的霸权，为美国违反《联合国宪章》预先进行了辩护。

可以想象，今后的美国总统及其政府即使不同意这个文件的极端含义，也很难从这个文件后退。但也可以设想，他们甚至会明确地把这个文件或该文件的核心内容变成自己的思想，并大力推行文件中所表述的美国的世界政策。美国面临这样的抉择：要么是不顾别人、不顾联合国、不顾潜在的对手，单边地把保持自己唯一超级大国的地位奉为其总体战略的最高准绳；要么是利用包括联合国在内的国际和多边组织的全球性结构。美国虽然是领导力量，但也应该以合作的态度贯彻自己的利益。

结果可能是两者的混合体。小布什宣布的“反对恐怖主义的战争”没有导致美国产生统一的战略，因为这场“战争”没有具体的敌人，它只是一句在必要时可加进不同内容的空话。具体到阿富汗和伊拉克，美国与其他国家结成了外交一军事联盟；在这里美国单边主义与多边主义已经结合了。

直到20世纪90年代，世界已经习惯了一个多边行动的美国。后来绝大多数国家已多次（尽管不一致）认可了美国在90年代奉行的以武力对主权国家进行人道主义干涉的原则。但为这种干涉的前提、目标和手段所下的定义，一直是不清楚和有争议的。按照现行的国际法，只有在联合国安理会授权之下才允许进行人道主义干涉。

美国打先发制人战争的前提就更加不清楚了，是绝对没有解决的问题。拿伊拉克战争为例，美国只需要断言伊拉克拥有可使用的大规模杀伤性武器就够了。华盛顿和伦敦大大夸大了伊拉克对世界的威胁，以便为他们打伊拉克做辩解。如果萨达姆真的拥有装有核弹头、化学弹头或生物弹头的导弹，那么对伊拉克进行常规打击岂不是拿千万人的生命开玩笑吗？因为人们必须估计到萨达姆势必会进行毁灭性的反击。事实上，华盛顿和伦敦根本没有认为萨达姆可能会发射核导弹、化学导弹或生物导弹；但他们要向舆论界暗示，萨达姆拥有这类武器，而且他会不负责任地加以使用。

尽管后来有不少国家的政府参加了美国的行动，但它们并不是坚信这场战争的合法性，而是为了在对美关系中投其所好。结果这一破坏国际法的先例没有得到普遍认可，相反，其他的大国持反对态度。除了一开始就参战的英国之外，中等国家中波兰、西班牙、意大利、日本等国是在军事取胜之后才答应帮助恢复伊拉克的正常秩序。即使后来联合国参加伊拉克的重建，也不能使这场战争以及美国事后宣布的改造中东的战争目标在国际法上得到合法化。

美国将会认识到，虽然它不是有意的，但却极其轻率地得罪了大多数的伊斯兰信徒，得罪了全世界（包括所有基督教会）的公众舆论，尤其是得罪了几乎所有国家议会中的多数政治家。政治家们十分关心维护自己国家的主权，关心《联合国宪章》谴责战争的条款继续有效，关心联合国的运转功能，关心本国所参加的一切国际条约和体系能发挥作用。华盛顿显然犯了低估这种关心的错误，这在将来可能会促使华盛顿在与其他国家对话时多多克制自己的语言和嗓门。人们将会想起罗斯福总统著名的告诫："说话小声点，因为你手里拿着大棒。"

至于美国会在多大程度上回到多边外交政策上来，现在一时还难说。毕竟美国在安理会有否决权，能在决定性问题上阻止联合国通过决议。但可以肯定的是，美国大搞单边主义将对多数其他国家的态度造成难以预料的后果，尤其是对中国和俄罗斯。

与美国同联合国的关系一样重要的是：美国要把统一的欧洲看作是伙伴还是附庸？2002 年出现的美国公众舆论和欧洲大部分地区公众舆论之间的疏远，就是美国单边主义的第一个后果。无疑，希拉克和施罗德对小布什总统的好战言论，对美国新保守主义某些代言人（如沃尔福威茨、珀尔、卡根）盛气凌人的讲话所做出的反应，特别是通过他们驻联合国安理会的外交官做出的反应，从外交政策上讲是欠理智的，但美国企图把欧洲分为“新”、“老”两部分也同样是不理智的；大西洋两岸的政府都助长了这种疏远。虽然这期间双方在语调上有所克制，最近又都乐于强调“共同的价值观”，但不容忽视的是，伊拉克战争已把欧盟各国外交部部长频频宣告的欧洲“共同的外交政策”变得荒唐可笑；大西洋联盟及其熟练的合作机制和运转自如的机构，由于遭到蔑视而受到严重损害。

大西洋联盟本来是一个防御性联盟。如今它失去了旧的敌人苏联，而新的敌人并不存在。北约扩大到中欧东部的波兰和其他国家以后，使这些与俄罗斯有着数百年历史恩怨的国家在心理上和政治上得到了它们所期盼的重要依靠。从军事上看，北约的扩大没有多大意义。当然，只有当人们把北约空军机场和基地东移所引起的莫斯科不安这一点不当一回事，才能这么说。

美国不仅面临着今后同欧盟的关系问题，还面临着大西洋联盟和北约未来的目标问题。如果美国现在对这个问题做出诚实的回答，就必须包括好几个方面，那就是：面对俄罗斯、中东和中国，要巩固美国的地缘政治和军事上的势力范围；控制欧洲国家的军事能量，其中尤其是控制德国。美国敦促其欧洲盟国加强军备其实是不合外交逻辑的。尽管有些欧洲人同意美国提出的上述联盟目标，但在近期内他们不可能对加强本国军备感兴趣，除非他们愿意把自己的军队提供给美国的全球战略使唤。但显而易见，一系列欧洲盟国只能非常有限度地同意美国对联盟目标问题所做的真实回答。

如果北大西洋联盟沦为美国在政治上控制欧洲的工具，那就有可能不仅在法国引起反对。而英国则有可能在这一点上继续追随美国。英国在这种情况下将把美国的利益看作自己的利益，从而阻挠欧盟对美国保持独立性。欧盟接纳的成员国越多，美国在这方面的利益就越不会受损。美国很早就本着自己的地缘战略利益，一再敦促欧盟接纳土耳其。可以想象，美国不久就会施压让欧盟接纳乌克兰、亚美尼亚、约旦，甚至以色列和埃及。1999 年的北约首脑会议就已经在这方面显露端倪。

美国必须在近期决定，使欧洲在政治上依赖美国是否符合美国的长远利益。如果这个选择被肯定并确实执行，那么欧洲持久分裂就是可以设想的。美国的部分活动就会被拴住在欧洲，因为美国必须估计到，除了英国也许还有波兰之外，许多欧洲国家是不会驯服地接受明显的外国支配的。波兰的态度完全可以理解，因为波兰的生存受到东西两面的威胁几乎长达 250 年之久，而在这段时间里波兰人一直把美国看作是自由的保护者。

美国的对欧战略如此模糊不清，而对于这种模糊不清的战略，美国人要比欧盟容易承受。同样模糊不清的是美国对中东的战略，它也有多种可能性。当前最迫切的问题是：美国想要中东平静呢，还是想用武力改造中东？与欧洲情况不同，美国在中东不能长期维持这种模糊状态。美国有必要就美国中东政策的道路和目标展开广泛的国际讨论。如果这种讨论没有结果——尽管把这同越南相比看起来似乎有些夸大——就不能排除出现令人很不愉快的、急剧的事态发展。受害的既包括美国，也包括阿拉伯国家和以色列。

如果没有美国的军事支配地位，很难设想中东局势能平静下来。正因如此，美国军队将会留在伊拉克。但如果以为能够从外面把一个有效的民主制度强加于一个阿拉伯国家或伊斯兰国家，那就是一种传教士式的幻想。这样一种企图将继续遭到抵抗，并将继续引发恐怖主义。美国越早放弃这种幻想越好。美国如果继续坚持这种幻想，就是无意中在加强敌对情绪，而这种敌对情绪不仅仅是阿拉伯—伊斯兰恐怖主义散布的。

也许以下的做法更符合美国的战略利益，那就是华盛顿一方面公开宣布它的利益所在：第一，保持石油的连续供应；第二，确保以色列的安全；第三，防止更多国家搞核军备；另一方面不再发表诸如“邪恶轴心”、“无赖国家”等侮辱性言论，因为此类言论使得美国在该地区政府中的朋友们更难反击阿拉伯和伊斯兰的宗教激进主义。现在几乎所有伊斯兰战斗组织的领导人和宣传家都把巴勒斯坦人的事业当成自己的事业。

在大多数阿拉伯人民看来，美国如果能在以阿争端中起到促成和平的作用，它就会受到尊重。在许多阿拉伯人和非阿拉伯穆斯林的眼里，被以色列占领的巴勒斯坦地区的状况是西方尤其是美国的险恶用心的证明；与此同时，这场争端还被许多反对党领导人利用，成为他们反对同美国合作的本国政府的内政斗争工具。自 1967 年以来，后来又一次是萨达特促成以埃媾和。美国一直不愿认识到，如果没有以巴和平，美国的一切努力都不能使中东局势平静下来。另一方面，在约旦河西岸建立巴勒斯坦国，包括依靠美国和国际部队的长期驻军为巴以提供必要的安全保证，仅此一项还不足以稳定中东局势。对美国而言，要达到和保证这些战略目标，无论如何都是一项极其艰巨的任务。但如果以巴冲突悬而不决，这项任务会变得更加困难，甚至可能无法解决。

凭着华盛顿同耶路撒冷、开罗、利雅得、阿曼和安卡拉政府之间的友好关系，看来美国的军事手段和财政手段任何时候都足以为这场冲突找到一个逐步解决的办法。尽管以色列已在境外的巴勒斯坦领土上建起了大量的居民点，但这个选择在一段时间内对美国来说还是可以考虑的。此外，这场争端的解决还能为美国的长期驻军提供理由。

当然，中东地区各国之间的竞争，尤其是大量存在的社会、经济弊端，人口迅速增长以及由此引发的内政动荡，这一切不可能随着以巴媾和而得到消除。叙利亚和巴勒斯坦是如此，富油国伊拉克、伊朗和沙特阿拉伯也是如此。特别是世界头号石油输出国沙特阿拉伯显得尤其危险。极端保守的瓦哈比派政府对美国表现得很合作，同时却资助伊斯兰恐怖主义的一部分头目。许多伊斯兰战士来自沙特阿拉伯，美国迄今装作不知情。实际上瓦哈比王朝与美国之间存在着一种心照不宣的同盟。但瓦哈比家族的宗教狂热与掌握伊朗最高权力的什叶派教士并无原则差别。沙特阿拉伯的内政发展很难预测，美国能施加的影响是很有限的。但由于美国以至全世界的石油供应今后几十年都高度依赖沙特阿拉伯，美国对沙特的外交面临着极为棘手的任务。

美国的精英们不能再长期回避做出抉择了：要么对伊斯兰表示尊重和愿意对话，要么就是不同文明的冲突。在美国历史上，政治阶层从来没有比较深入地研究过伊斯兰世界宗教和穆斯林问题。以色列同其邻国的四次战争在美国——也在德国——引发了对以色列的巨大同情，但并没有导致对伊斯兰的敌视。对美国人来说，伊斯兰离美国要比离欧洲远得多。随着美国和国际社会多次试图推动和平进程，这一距离逐渐有所缩短。

伊斯兰恐怖主义“基地”组织的袭击一下子引起了对伊斯兰的密切关注。人们在对恐怖主义表示正当的忧虑并决心予以反击的同时，却没有去更好地了解伊斯兰，了解它的基础和历史。这就产生了一种危险，即人们对伊斯兰作为世界宗教同某些伊斯兰恐怖主义组织和集团不加区别。如果肤浅地把伊斯兰宗教等同于恐怖主义，就会引起对伊斯兰的普遍敌视，就必须估计到伊斯兰方面也会同样做出简单化的反应。如此的彼此升级，不仅会给美国以至整个西方带来威胁，也会给60个伊斯兰国家的人民带来巨大的灾难，而伊斯兰恐怖分子则会欢呼胜利。

因此，整个西方，特别是领头的美国，有必要仔细地区别对待。首先应当这样做的是大众媒体和政治家。小布什总统和罗马教皇不久前象征性地访问了一所清真寺，这样做是很正确的。但是两只燕子还不能说明夏天已经到来。与欧洲人相比，美国人在普遍尊重伊斯兰方面做得更差。这里讲的尊重是指尊敬和认可的意思。这是一项需要有高度政治素质才能完成的任务，更何况伊拉克战争又激起了额外的感情冲动。对于伊斯兰的精神领袖，也应该要求他们做出相应的努力。双方都不妨从那些体现宗教宽容的光辉范例中吸取教益，如 10 世纪穆斯林统治下的科尔多瓦、13 世纪基督教统治下的托莱多，[①] 那里曾经做出过绝无仅有的文化和科学成绩，为文艺复兴做了思想上的准备。

无论美国和西方的政治家何去何从，也无论伊斯兰国家的精神和世俗领袖如何处世行事，美国必须认清这

---

① Cordoba，西班牙南部城市；Toledo，马德里西南部城市。以上两地在历史上曾受到来自北非的摩尔人的统治，有伊斯兰文化与基督教文化融合的遗迹，现均为联合国世界文化遗产。——译注

个问题的重要性。这个问题有可能在不以人们意志为转移的情况下变成一项世纪性的决策，它将决定伊斯兰与西方的长期关系如何发展。此外，美国和欧洲之间由此可能出现一条新的鸿沟，因为欧洲接纳了几百万穆斯林人，几亿穆斯林人生活在与欧洲接壤的地方，所以欧洲人必须远比美国人更加关心同穆斯林的睦邻关系。

美国对世界大国俄罗斯的战略同样也模糊不清。自从伊斯兰恐怖主义进入美国以来，美国对血腥的车臣内战的谴责几乎完全停止。从叶利钦手里接过这场毁灭性内战的普京，对伊斯兰分离主义起义进行了反击，尤其是他在阿富汗问题上的表现，使美国对俄罗斯采取了明显较为友好的态度。这种态度其实在 1997 ~ 1998 年就已显露。当时成立了一个北约和俄罗斯联合委员会，俄罗斯被邀请参加所谓的世界经济（7 强/8 强）峰会。此外，从勃列日涅夫和尼克松时代起，双方就共同关注防止进一步扩散核武器，将来还会继续关注。

美国的对俄长期战略思想在克里姆林宫和俄罗斯将领们看来起码是矛盾的。单是北约在中欧东部的扩大（特别是波兰和波罗的海三国）就不得不引起俄罗斯的疑虑。现在美国又在外高加索、伊拉克、阿富汗、乌兹别克斯坦、吉尔吉斯斯坦建立了军事基地，加之土耳其几十年来已经是战略上很重要的北约成员国。今天俄罗斯看到自己在西部和南部被美国据点所包围，苏联的领土安全带已不复存在。如果华盛顿同时谈论什么美国是中亚的苏俄共和国、如今的中亚主权共和国的“保证国”时，莫斯科就会想起美国早在20世纪90年代曾扬言，美国对“欧亚大陆”的霸权是“地缘战略的绝对需要”（布热津斯基语）。

在莫斯科看来，美国的对俄战略是扩张性的，因而必然会引起疑虑。客观地看，自苏联解体以来，美国的对俄政策屡有变化，总体来说可谓模糊不清。美国应该认识到这个事实并加以改正。它还应当认识到，美国要求有权打先发制人的战争，这一点深深触动了俄罗斯在维护《联合国宪章》以及主权国家不容侵犯这个原则上的切身利益。华盛顿还要明白，一旦美国真要超出伊拉克范围实现打先发制人战争的权利，那么俄罗斯作为世界核大国原则上也会认为自己有权进行预防性的干涉。美国在一定时期内是唯一的军事超级大国，但还是承受不起同世界核大国俄罗斯进行一场严重的冲突。

美国也承受不起同中国这个世界核大国发生严重冲突。在维护《联合国宪章》和主权国家不容侵犯这个原则问题上，中国的战略利益同俄罗斯完全一致，也几乎同所有的欧盟国家一致。除此之外，美中之间还有一系列战略上的利益矛盾。美国在日本、太平洋地区、朝鲜半岛的大量驻军，美国对台湾的军事装备，美国核导弹装备的多样化以及近来在中亚地区的驻军，所有这些活动早在几十年前就已引起了中国的疑虑。双方意识形态上的相互敌视也朝着这个方向发生作用。不过，最近几年可以感觉到某种程度的缓解。在中国人眼里，美国的对华长期战略是看不透和危险的。美国人同样也看不透中国的长期战略。日本人觉得中国危险，因为中国拥有核导弹。

20 世纪 70 年代初，美国通过尼克松和基辛格向中国开放之后，早在里根当政时期华盛顿就考虑到，美国与之打交道的是一个未来有实力的政治对手。在老布什执政期内，这个观点——特别是通过切尼和沃尔福威茨——被进一步发展了。此后克林顿虽然讲“战略伙伴关系”，但小布什上台初期把这个概念换成一种敌视的语调，它使美国可以做出任何选择。2001 年上半年，美国似乎真有挑起一场对中国的冷战的现实可能。“基地”组织进行袭击以后，反击伊斯兰恐怖主义的斗争似乎导致了美国对华政策的急转弯，转向同中国进行更广泛的合作，而北京也在外交上支持反恐斗争。两国迅速增长的对外经济联系促进了互相接近。不过，这种缓和并不能消除中国的疑虑。中国担心美国完全有可能再次改变其对华政策，重新企图遏制中国这个有实力的政治对手。

中国的疑虑因美国对台湾的一贯支持而一再加深，而华盛顿的国会在支持台湾的言论上经常比历届政府走得更远。由于时间对中国大陆有利而对台湾地区不利，从长远看中国大陆和台湾地区有可能举行谈判并达成中间解决办法。这种前景并不会触犯美国的基本利益，所以台湾问题的和平处理和逐步解决看起来虽然是费时的，但比起和平解决以巴冲突的困难要小得多。不管怎样，美国的政治阶层应当明白，一旦因台湾问题发生冲突，中华民族的大多数人会支持中国共产党。也许美国人也应该问问自己，如果中国侦察飞机定期沿着美国太平洋海岸飞行，并且像不久前在中国海岸发生的情况那样同美国的截击机相撞，美国国民会作何种反应。

在朝鲜核武计划问题上，美国和中国的战略基本一致，双方出于自己的切身利益，都希望阻止那个在双方眼里琢磨不透和难以揣度的金正日搞核军备。双方迄今的做法很不一样。长期以来美国似乎指望朝鲜政权发生变化，把朝鲜称为“无赖国家”、“邪恶轴心”的一端。中国和韩国、日本一样，担心朝鲜半岛（朝鲜政权）发生崩溃会给自己造成无法估计的后果。韩国在其前任总统金大中的领导下曾推行“阳光政策”以求缓和，但遭到华盛顿的反对。中国通过供应粮食帮助朝鲜免遭饥荒。在邓小平时期，中国对平壤的政治影响几乎等于零，到最近几年才稍微有所扩大。东京则感到危险迫在眉睫，因为 1998 年金正日曾发射导弹飞过日本列岛，并于 2002 年单方面退出了《不扩散核武器条约》。

朝鲜战争共计死亡 250 万人，其中有 5 万名美国人，末了以沿三八线停火而告终。战争结束半个多世纪以来，分裂的朝鲜一直处于美国战略戒备的聚焦之下。中俄两国在20世纪50年代曾积极站在朝鲜进攻者一边，如今朝鲜几乎完全陷于孤立。由于这种孤立含有不可捉摸性，北京、汉城、东京、莫斯科和华盛顿都正确地估计到了它的危险性。如果对平壤的政策仅限于进行威胁，其后果将难以估计。合理的抉择是：委托中国这个地区领头国牵头进行多边的外交和经济努力。中国和韩国对朝鲜政权的情况及心态了解得远比其他国家要多，因而也能更好地与之打交道。

如果朝鲜的核导弹装备不能被阻止，从中期看，日本可能也要积极谋求核军备。这样一种发展态势将使东亚的潜在危险成倍地增加。

美国面临的问题是：是否愿意容忍中国在经济上崛起成为世界大国和东亚首强，是否愿意容忍中国迄今相对有限的军事上的壮大？还是要试图阻挠和遏制这一崛起？双方合作的可能性首先存在于地区性、多边性或全球性的体系之内，以后也可以建立在双边条约的基础之上。在这方面，中国的经济和社会问题起着重要作用，我将在本书的第三章加以详细分析。但可以肯定的是：

美国归根结底不可能阻止中国崛起。无论美国决定采取阻挠战略还是进行合作，在这两种情况之下，美国要对中国称霸这种思维模式都始终是痴心妄想。

由美国来领导

在前面一节里，已经提到了美国在今后几年里必须要做出的最重要的战略决策。这些决策涉及美国与中国和远东、俄罗斯、伊斯兰，特别是中东地区，以及与欧洲和大西洋联盟的关系。有关的国家，无论它们是欢迎还是不欢迎有关的决策，都只能有限地对之施加影响。它们必然要使自己适应由于美国的决策而改变了的世界。但它们将会对美国的决策做出反应。不排除会发生政治的和经济的争端及冲突，很可能要持续多年。美国越是强烈地要求和放肆地行使领导权，就越会挑起反对和抵抗。反过来，华盛顿和纽约越是照顾他国的利益，美国就越会获得成功。小布什总统及其政府不必要拿美国在全世界的声望去冒险。

但在许多领域里，美国的领导作用是不可避免的。在我看来，美国至少在四个全球性领域里起领导作用甚至是人们迫切希望的，因为其他工业国家、现有的国际组织以及私人跨国团体（非政府组织 NGO）的威信和分量显然不敷需要。这些领域里的任务主要是采取措施以遏制本书第一章里所提到的“危及全球的因素”。

首先，希望美国在人口爆炸、贫困和发展援助这方面采取行动。迄今为止，世界银行和工业国家发展援助的努力全都是不够的。2000 年，在一次世界首脑会议上曾共同提出过一个目标，要在 2015 年以前把贫困人口即每天收入不到 1 美元的人数减少一半，但这个目标将远远不能达到。而与此同时，人类用于军事预算的钱却比用于发展援助的钱几乎多了 20 倍；不发达国家的人口几乎到处都在不受限制地增长。美国是世界上最富裕的国家，同时也是最顽固地违背人际理性信条的国家之一，例如在农业关税和农业补贴问题上。美国的发展援助用美国的国民生产总值来衡量简直少得令人害臊。美国国会 2000 年曾认真研究过这个问题，但迄今没有具体结果。相反，小布什政府甚至拒绝拨款给从事计划生育的组织和项目。

美国如能摒弃这种消极的倾向，铭记二战结束以后美国慷慨的援外活动，它将给世界树立一个好榜样。在这个文明世界里，领导作用有一大部分是要靠榜样而不是靠发号施令来实现的。

第二个希望由美国起领导作用的全球性领域是整个能源消耗和有害物质（特别是二氧化碳）排放问题。任何一个有理智的人都不再怀疑，燃烧碳氢化合物（煤、天然气、石油、木材等）以及由此造成的温室气体排放大大推动了正在发生的全球变暖现象。人们同样也认识到，要不了几十年的时间，全球变暖就会使气候、海洋潮流和海平面发生巨大的、有些还是相当难以估计的变化。鉴于与此相联系的严重危险，各国曾于 1992 年在里约热内卢通过一项《联合国气候变化框架公约》。美国也批准了这项公约，但后来美国又同俄罗斯一起拒绝了由 98 个国家在这项公约基础上制订的《京都议定书》，因而导致议定书至今没有生效。关于工业国家减少温室气体排放问题，迄今依然没有国际法的规定，因此也不能指望新兴国家和发展中国家以后会承担义务。这是一种不负责任的状况。

美国是遥遥领先的、最大的温室气体排放国家，也是最大的石油进口国。由于世界范围的需求迅速增长，欧佩克组织把油价从20世纪90年代的平均每桶17美元提高了一倍。（本书结稿时已涨到40多美元！）早在70年代初期，当油价每桶才1.80美元时，欧佩克就已经引发过一场世界性萧条。今后几十年，中东地区的动荡局势将进一步加强石油和天然气价格的波动。

现在是美国采取主动制订一项全球协调的能源政策的时候了。这项政策同时也必须是一项全球性的气候和环保政策。目前这种无条约状态越是持久，就越不能指望各个国家，首先是美国，还有俄罗斯、中国、欧盟等国，会接受并遵守不利于本国经济竞争力的限制。

第三个希望由美国倡导和带头的领域是各类武器的全球性扩散问题。美国曾退出、拒绝或不批准一系列国际条约，其中包括限制导弹防御体系的《反弹道导弹条约》和《全面禁止核试验条约》，同时又开发新的核武器和新的导弹防御体系。这将挑起其他核武器国家，至少是俄罗斯和中国做同样的尝试，所以在核导弹领域新一轮的军备竞赛就会到来。这种竞赛与反击恐怖主义毫无关系，但参加竞赛的核武器国家则违反了《防止核扩散条约》的目标和理念，也具体违反了该条约的第六条，这一条从 1968 年以来要求签约各方“进行认真谈判，以采取有效措施在近期内结束核军备竞赛并裁减核军备”。

冷战的结束给美国这个在军事上占有高度优势的超级大国带来了一个不同寻常的、可能也是时不再来的机遇，以便采取主动进一步在全世界限制军备，尤其是军火贸易。如果同时再努力促成谴责和惩处研制生化武器（如通过国际刑事法庭），那将是为人类办了一件莫大的好事。

下面我谈第四点，也是最后一点。美国在世界经济中的实力虽然不如在军事方面那么出类拔萃，但它在世界经济中的地位仍很突出。估计今后几十年美国将继续保持这种突出地位，然后才逐渐地减弱。早在 20 世纪中叶，人们就普遍认识到世界经济需要有一些可靠的框架条件。因此，在美国倡议之下成立了若干国际机构，如国际货币基金组织、世界银行、关贸总协定（今天的世界贸易组织）和国际劳工组织等。从此以后，许多国家的国民经济大大加强了全球联系，尤其是在融资和资金货币流通方面。由于美国国民经济和美元（如世界市场上的石油交易和飞机交易）仍然拥有突出的分量，美国对确保世界稳定和防止全球危机负有重大责任。美国不应忘记，30 年代早期的世界经济萧条是由 1929 年纽约股市的一个“黑色星期五”引起的。

美国中央银行同由美国（还有凯恩斯）创立的华盛顿国际货币基金组织，同为遏制孕育危机的国际债务而工作的巴黎、伦敦“俱乐部”，同巴塞尔的国际清算银行（BIZ 或 BIS）、法兰克福的欧洲中央银行和各重要国家中央银行进行的不拘形式及不事张扬的合作，迄今成功地防止了世界性的信贷危机和货币危机。但是，20 世纪 70 年代取消固定汇率以及油价同时猛涨所引起的全球性动荡，90 年代席卷整个东南亚的信贷货币危机，还有世纪交替之前不久股市上出现的美国新经济泡沫及其破灭都表明，世界经济在金融危机面前绝不是安全无忧的。

美国为了弥补其对外经济赤字，目前吸收了全世界资本净输入的约四分之三。若不是为了美国（尤其是纽约金融中心）的战略利益，世界货币基金组织就不可能给巴西、阿根廷和土耳其如此异常及大规模的信贷援助。今天，在世界货币基金组织1000多亿美元的待收债款中，有四分之三是这三个国家欠的。美国对全球金融政策所负的责任显而易见。顺便提一下，美国作为股东，在国际货币基金组织中所拥有的少数否决权在这方面不起特别重要的作用。

重要得多的是美国私人金融产业的扩张行为，以及美国财政预算和对外经济中又一茬巨大的双重赤字。独立的中央银行及其近30年的历届行长伯恩斯、沃尔克和格林斯潘，他们在实际上和心理上摆平了美元货币政策、变化多端的美国预算税收政策和市场上不稳定的行情这三者之间的关系。他们在这方面表现出来的精明是举世公认的。尽管企业家们对降低税收欣喜不已，但里根和小布什执政期间的大量预算赤字使世界经济受到潜在的、越来越大的威胁。从中期看，美元汇率无论如何都有可能进一步下跌。虽然美国国民经济高度有效和灵活，足以承受国家的内债和外债并支付利息，但世界经济从长远看不能接受这样一种情况，那就是美国这个富甲天下的领头国要求把美国境外的全球性资本和全世界储蓄的一大部分归它来支配。

全球经济需要一种全球性的金融经济秩序框架。只要美国的政治家们从财政政策上重新管好自己的家，美国就能够也应该起领导作用。如果做不到这点，那只有让全世界都像现在这样继续混日子。世界确实需要一种灵活的、基本上比较稳定的美元、欧元和日元、再过些时候还有人民币之间的比价。国际货币基金组织确实不能充当随时准备向无支付能力的国家提供最后庇护的善人，毕竟它不能印钞票，也不主管发展援助。它的主要任务是，负责为私人金融产业及其市场制订全球性的关照和监督的规则。

此外世界经济还需要有起码的竞争规则，这既是对银行和企业而言，也是对各个国家而言。工业国家不得对本国的经济部门提供补贴，不得对来自竞争者的进口设置人为障碍，尤其是必须拆除为本国农业建立的保护墙。最后，鉴于猛兽资本主义的蜕化，如果美国的银行和企业也能配合政府的和立法的所有活动，更多地参加到安南提出的《全球公约》（Global Compact）及其保护社会环境标准和保护人权的 9 条原则中去，那将是一桩堪为模范的善举。迄今全世界有 1300 名成员参加，但其中只有 50 家美国企业。

总而言之，美国有许多事情要做，其中也包括反击伊斯兰恐怖主义。但这项任务不能掩盖众多其他的任务，也不能掩盖美国对世界未来所承担的重大责任。

第三章

其他大国的发展

历史家们习惯于事后把历史分为若干个时期，并给各个时期冠以一个标志性的名称。他们谈论欧洲时，就提到史前时期、上古时期、中古时期和近代；然后再以种种方式把这四大时期加以划分，如分为中古时期早期、中古时期盛期、中古时期晚期。艺术史家们又把近代分为巴洛克、洛可可、古典主义、浪漫主义、毕德麦耶尔①，等等。这样的划分有助于当今世人理解。例如说起法国的印象主义或德国的表现主义时，人们立即知道这个时期有哪些风格上的特征。但是，把历史分为各个时期也可能误导我们，使我们误以为各个事件、个别人士及其行为是一种规律性的历史进程的一部分，以为历史进程总体而言在很大程度上是有必然性的。卡尔·马

① Biedermeier，德国 1815～1848 年间的一种后古典主义文艺风格，带有典型小市民人生观的烙印。——译注

克思作为对19世纪早期英国工业社会的杰出分析家，就陷入了这一误区。如同当时不少美国人那样，他们谈论美国“命里注定论”，说什么美国负有明摆着的、命里注定的统治整个美洲大陆的任务。而实际上，美国大规模的武力扩张绝非是必然的。

历史是由人创造的。往往是由好几个人做决定，有时是一大群人做决定，但也有时是个别人做决定。如若没有亚历山大大帝这样雄才大略的领袖人物，近东实现希腊化就不一定是肯定的；同样，如果没有杰弗逊总统，也许美国就不可能在几年之内把领土扩大一倍。假如没有希特勒，就不会有纳粹独裁，不会有希特勒的战争，也不会有对犹太人的大屠杀。

有些发展可以事后诠释为必然的。但对当前来说，未来都是很不确定的。虽然当事人的决定受许多因素的影响，但归根结底还是由个人做出决定。如若没有邓小平的政治直觉和领导才能，中国就不敢跳出“蓝色蚂蚁”的时代。要是没有戈尔巴乔夫的改革和透明度的决心，偌大一个苏联不可能在几年之内解体。如果不是丘吉尔领导英国，如果没有罗斯福领导下的美国帮他的忙，英国的抵抗力是否足以战胜希特勒，谁都难以知道。即使在今天和明天，也会有无法防止的事态发展，但同时也会有个人的决定。两者加起来就构成了历史。

在冷战时期，世界看上去是一分为三的。与多少算得上民主的西方对立的是共产主义的东方；双方高度武装，彼此警惕地监视，相互深怀敌对情绪。看起来两者之间似乎存在一种平衡。第三方是世界的一大部分，它多多少少是中立的，也愿意保持中立，人们称之为“第三世界”。这种三分天下的格局到 20 世纪末消失了。不少在此之前被紧紧捆绑在某一个体系之内的国家和民族，从此有了做决定的自由。在 21 世纪开始之际，他们可以决定从多种可能性中进行选择。或者，只不过是表面看起来如此，无论如何，未来已变得不那么一目了然了。

中国与远东

20 世纪下半叶，中国为其在世界上的地位打造了一个崭新的基础，使之发生了根本性的变化。第二次世界大战结束以后，毛泽东成功地结束了中国长达一个半世纪饱受欧洲人、美国人和日本人的凌辱及统治的历史。而与此同时，他也使中国几乎与世隔绝。毛泽东谢世后，邓小平做出了经济上的双重决策：对内改革，对外开放。邓小平是一个务实而理智的政治家，他不受固定的意识形态束缚，因此没有使用革命的手段推行改革开放政策，而是采取了许多小步子，但目标明确地朝着一个方向前进。谁要是熟悉毛泽东时代的中国，如今再去北京、上海或广州，他将不得不为中国在最近几十年中所取得的令人难以置信的经济和技术进步感到惊讶。

过去30多年里，我多次访问过中国，目睹了中国经济的渐进演变。将近20多年来，中国国民生产总值的年均增长率高达8%，这在全世界是独一无二的。我也经历了中国人思维方式的相应变化。1975年，中国在日本面前经济上还有明显的自卑感，现在代之而起的是在数十年内赶上然后超过日本的自信心。20世纪70年代，每个中国人被迫学习和背诵毛泽东的共产主义语录，如今已在相当大的程度上出现了意识形态的真空。一个由大银行、大公司和证券交易所通过信贷及资本扶持经济的国家，一个由众多大大小小的私人企业家推动经济发展而同时也使自己变得富有的社会，自然不会奉行源自苏联的集体主义思想。如果说今天在经济蓬勃发展的中国各省，私人储蓄率之高是世界上绝无仅有的，那么，这是由于缺乏公共养老保障制度，促使千千万万中国人不得不这样做的缘故，但这同时也反映了中国人对国家经济未来发展和人民币购买力稳定充满信任。

在中国东部和南部沿海省份，数亿中国人爆发出人类有史以来异乎寻常的活力。中国历史记载着3000多年的文明发展。今天我们知道，早在欧洲中世纪末期，中国在文明方面取得的成就已经超过了欧洲。当然，尽管有丝绸之路和马可·波罗，但当时欧洲和中国之间并没有直接的可比性。到了近代，先是欧洲，后来是美国，最后是日本均超过了中国。它们利用技术上和军事上的优势，通过发动鸦片战争以及在沿海地区建立殖民地和开辟“租界”，控制了中国大部分地区。当这一时代随着第二次世界大战的结束而刚刚成为过去时，美国、日本、俄国以及部分欧洲国家又散布对中国这个共产主义中央帝国的恐惧。

大约在 10 年前，中国经济的新活力就使美国人产生了这样的想法：中国是未来战略上甚至是军事上的竞争对手。对未来军事强国的担心以及对拥有核武器的中国会滥用其力量的担心是否有理呢？目前，我确信可以对这个问题做否定的回答。因为，至少在今后几十年里，这个幅员广袤的国家将面临巨大的国内问题和任务，任何中国领导人都会避开任何可以避免的战略风险。中国必须把国内问题放在首位，除此之外别无选择。

再过几十年，中国的国民生产总值将占世界第二位。

但讲到人民的生活水平，中国在长时间内仍将是一个发展中国家。中国从沿海地区开始经济改革和对外开放是正确的，因为那里的人们从海上贸易中还保留着一些企业经营的残余传统。港口使他们能够与香港和台湾的海外华人进行经济往来，因为同他们恢复传统联系比较容易。此外，沿海地区建立的经济特区规模都比较小，在那里进行的试验随时可以监测，一旦发生问题，可以随时中断。

有鉴于这样的发展，老的重工业基地东北、广阔的内地和西部地区必然会落后于沿海地区。那里有 3 亿 ~ 4 亿员工在陈旧的国有企业里工作，其中部分企业规模很大，但效益极差。它们要为国有大银行的大部分坏账负责，它们要么不能充分地付息或还债，要么根本就无法付息或还债。国有企业需要改造或者用新的企业替代它们，但大多缺少基础设施，特别是缺少铁路和公路。而没有铁路和公路，要创造新的、能带来效益的就业岗位就会受到严重影响。同时，今后几年内至少还会有上亿的农业和农村人口涌向城市，为此需要为他们创造就业岗位及修建市政设施。中国最大的城市重庆如今已有

3000万人口，北京人口也只有它的一半。

虽然有些大城市的生活水平比农村高出几倍至十倍，但是，对于老人和失业者来说，没有一个地方有充分的国家保障体系。每年还有1500万~1600万年轻人进入劳动市场。银行体系因不得不为所有新老企业提供贷款而呆账累累，没有利息收入而只能承受损失。不仅仅只有这些结构性的问题。任何头脑清醒的人都不会指望，每年8%的经济增长率会延续数十年之久。中国也将面临经济危机，包括能源和水资源供应不足。

除了严重的经济问题外，中国还面临严重的意识形态问题。大城市的年轻人，比如在黄河、长江和珠江三个三角洲地区，人们热衷于西方消费标准——电视、手机、因特网等——和新的经济自由，而旧的共产主义观念已经无法适应这些新的现象。当今25岁的年轻人再过10年后，将面临一个用什么准则去教育自己子女的问题。完全可以想象，他们会重新拾起孔子的伦理学说，使之得到补充并适应现实情况。几年前，有一次与邓小平谈话时，我半认真半开玩笑地说，中国共产党其实是一个儒家党。邓只是说：“是吗？”事实上，儒家观念在中国人相互交往中起的作用要比公开承认的大得多。家庭和睦，尊重老人，教育后代，勤劳节俭，乃至当权者对人民负有义务和责任，所有这些都是中国从千百年前传承下来的价值观念。

今天，中国共产党试图在儒家思想、共产主义和资本主义之间找到平衡。对于生活在中国的某些知识分子来说，这种平衡术玩弄得太长了。特别是那些曾经留学欧美的人士，他们更希望儒教与民主交汇融合。一些年纪较长的不同政见者则明白，必须等待发展。在我看来，中国由于从未有过一个统一的宗教，现代的儒教很可能作为一种世界观，填补当今意识形态的真空。毕竟我们欧洲人也不仅信仰基督教和保罗教皇，而且也崇拜希腊和罗马的古典哲学。而与柏拉图和亚里士多德或斯多葛派相比，孔子只是年纪稍长一些，其后继人孟子则稍为年轻一些。

有些美国人和一些欧洲知识分子（在德国是一些绿党分子）自以为在民主和人权问题上有道义上的权力批评乃至激烈指责中国。这些人对于在长达数千年的历史长河中发展起来的不同文化缺乏尊重。他们也没有意识到，在西方文化的艰难发展进程中以及在他们自己的历史上，也同样有过可怕的阴影。那些批评中国的人，应该想想不过几代人之前发生的对印第安人的灭绝，想想奴隶制，想想美国的南北战争，想想越南及纳粹时期。

认为自己的宗教、自己的道义、自己的文化或者自己的生活方式拥有绝对优势，这种信念曾在世界历史的进程中多次导致流血冲突。伊斯兰的远征军，或者右手拿着战刀、左手拿着十字架在世界大部分地区以武力推行基督教的人，就是最突出的例子。南亚部分地区印度教徒和伊斯兰教徒之间，或者是以色列人与穆斯林之间持续不断的战斗，则是我们这个时代的例子。伊斯兰激进组织的恐怖主义则是最新的例子。不管在什么时候、什么地方，几乎所有这些冲突都是为了争权夺势，为了使别人的权势和财产消失，而自己的权势则要扩大。几乎所有大的帝国都是按这一模式行事的，从强大的征服者亚历山大到成吉思汗，从皮萨罗①到斯大林或希特勒，都是这么干的。在近代，欧洲各国的殖民帝国也是按照

---

① 16世纪西班牙的殖民地征服者和探险家、秘鲁反王室部队的领袖，参与征服秘鲁的战争。——译注

这个模式建立起来的。

而中国，这个汉民族的伟大国家，3000 多年来似乎是一个例外。也许这正是这个国家能够延续如此长久的一个原因。在我看来，正是由于没有一个统率整个民族的宗教或国教，才没有提出对邻国进行传教的要求。无论如何，在其悠久的历史上，中国这个大国的对外扩张倾向比之历史上所有其他大国都要小得多。在大多数情况下，中国历来满足于其他国家对之表示尊重和进贡。

当然，历史上和现实中也有例外，例如西藏。[①] 人们还回忆起毛泽东支持朝鲜和越南共产党的统治以及共产党对其他亚洲国家的渗透。毛认为苏联进攻中国是可能的，在这种情况下，他指望中国在人数上占有优势。而面对中国众多的人口，勃列日涅夫的确既尊重也害怕。今天，这样的考虑都已成为历史。东亚和东南亚国家已经不再害怕人口众多的中国。

但是，面对中国快速增长的经济优势和中国的劳动力会替代本国的劳动力，人们还是害怕的。近几年来中

---

① 西藏古称吐蕃，曾与唐朝建立十分密切的关系。元朝时，中央政府在西藏设立地方行政机构。从此，西藏成为中国领土不可分割的组成部分，藏族成为中华民族中平等的一员。——译注

国涌向亚洲市场的工业产品大幅增加，这种害怕是完全可以理解的。但也应看到，20 世纪 90 年代东南亚国家普遍发生金融危机时，北京顶住了为有利于自己的出口而让人民币贬值的诱惑。与此同时，中国增加了从日本、韩国和整个东南亚地区的进口。

然而，另一种完全不同的深刻忧虑深深影响着日本。许多受过教育的日本人在中国面前有一种隐蔽的、很大程度上是下意识的自卑心理。他们知道，日本的文字、大部分的文化和艺术，包括日本的儒学都要感谢中国人。很多东西是很久以前直接从中国传到日本的，有些则是通过朝鲜传到了日本。除此之外，由于占领过中国的满洲和大部分地方以及在这一过程中犯下的残酷行径，日本人潜意识中也有一种负罪感的心理。有些日本人的负罪感可以追溯到 1895 年对台湾的占领。

日本在第二次世界大战中全面失败以后，成功地在经济上实现了令人惊异的重新崛起。由此在 20 世纪 70 年代和 80 年代初产生了可以理解的经济优势感，从而使文化上的自卑感以及那种负罪心态得到了平衡。最近 15 年中，日本的经济发展明显放缓，自信日本优越于世界其他工业国家的心态又消失了。日本人甚至认识到，再过几十年，中国将取代日本而成为世界第二经济强国。最近日本又流行一种看法，认为与中国相比较，日本成了一个日渐衰老和不断萎缩的国家。日本面对中国这个邻国，复杂心态依然如故。

日本在世界上的朋友甚寡。部分归因于日本在德川幕府统治时期长达数百年之久的自我孤立，更多是因为日本后来奉行帝国主义政策，给所有邻国带来了灾难，邻国对此铭心刻骨。但关键还是日本人对过去的征服行径和犯下的罪行不愿意承认和表示歉意。在日本，战争时期那一代人活着的已为数不多，并且早已退休。但是，日本政治阶层的多数仍旧还在示威性地崇拜昔日的战争英雄及一些军事领导人，而对战争受害者几乎只字不提，更不提及遭到日本侵略的那些国家的死难者。虽然有一些例外，例如当政时间短暂的村山首相，然而，日本的所有邻国都确信，日本人不愿意进行道歉。韩国在这方面反应最强烈，中国也一样。反日情绪在东亚和东南亚国家普遍存在。

对中国人来说，日本与美国缔结军事同盟，更是雪上加霜。虽然在过去的几十年里，中国领导人一直谋求同日本关系正常化，尤其是在经济方面，但内心深处对美国借助日本包围中国的感觉并未消失。美国在日本、韩国、巴基斯坦、阿富汗、乌兹别克斯坦和吉尔吉斯斯坦的驻军和军事基地，以及太平洋第三舰队再加上夏威夷和关岛，所有这一切给中国领导人造成一种中国被美国军事力量包围的印象。不管是情愿还是不情愿，北京迄今对此反应谨慎。作为由此得出的结论之一，中国和俄罗斯于2000年缔结了友好合作条约，这在毛泽东和勃列日涅夫时期是不可想象的。中日之间，不能指望双方关系会有实质性的接近。

20世纪90年代，我与日本一位政治家就日本战略地位进行交谈时指出，日美当时对两国军事合作所做出的附加定义远远超出了日本安全利益的需要。我的那位朋友反对这一看法，声称这确实是为了日本的防御考虑。我问道，谁有可能会进攻你们呢？他对我向他提出这个显得很天真的问题感到不悦，并回答说：当然是中国！接着我又带着一点挑衅的口吻问道：中国皇帝最后一次在什么时候派兵攻打过日本？我的朋友再没有作答。但可以肯定，我也没能使其对他的自信产生动摇。那次谈话在我的记忆中是很具有征兆性的。理论上，日本出现摆脱对美国单方面依附的进程是可能的；但实际上日本没有这个抉择，因为日本政治阶层的思维方式排除了这种可能性。对美战争的彻底失败，使日本特别是其政治家在心理上高度依赖美国。邻国对日本的持续仇恨促进了这种依赖性。

中国将发展成为一个经济强国，之后还会成为军事强国，这一信念不仅使日本也使其他国家产生了某些忧虑。因此，新加坡领导人李光耀早在10年前就指出，在东亚和东南亚地区，美国是最不令人疑心的世界强国。在中国，尤其是在美国，对这两个巨人将成为竞争对手的预感起着重要作用。在中国，对这个问题的讨论是低调而谨慎的。而在美国，这种讨论完全是公开的。华盛顿的一些战略思想家相当公开地声称，美国必须尽快建立对整个“亚欧大陆”的控制。“基地”组织的恐怖袭击和国际反恐的共同利益导致了美中关系的暂时平静。但从长远来看，必须估计到，既成的超级大国美国和正在崛起的世界强国中国之间将进行公开的竞争。

中美两国的文化、传统和特点如此不同，而双方彼此的了解和对对方历史的认识又如此缺乏。两国的精英和政治阶层对对方的认识也是十分残缺不全的。无疑，美国有更多受到教育的人和专家，他们对中国的本质及其文化发展的了解要比中国对美国的了解多。但在今天年轻的一代中，中国人对美国的了解比美国人对中国的了解很可能已占有优势。不过，就整个民族来说，双方的相互了解很少，偏见占主导地位。在这样一种情况下，一旦有个由头，电子传媒很容易制造敌对情绪。

两大国之间发生冲突的具体导因将是多种多样的，居首位的是围绕台湾的利益冲突。这个岛屿几百年来一直是中国的一部分，经过半个世纪的日本占领之后，1945 年又归还给中国。它很快成了被毛泽东赶走的蒋介石的逃生之地。蒋介石不仅把故宫的重要艺术珍藏带到了台湾，而且还窃据了中国在联合国安理会的否决权。美国极力支持台湾同中国大陆的实际分裂，而且在军事上给予这个岛屿支持，但对台湾要求承认其主权的愿望未予满足。1971 年，华盛顿同意将中国的否决权归还给人口为台湾 50 倍之多的大陆。从美国的角度看，台湾是其在东亚政治势力范围内的一个重要基地。因此，人们认为，必要时美国会以军事手段阻止中国大陆使用武力迫使台湾回归中国。北京则认为，台湾的回归是中国天经地义的权利，而且是至高无上的民族目标。而台湾本身，对这个问题的看法则是不一致的。一些人主张谋求主权；另一些人认为，只有在中国大陆达到了与岛上同样的自由和生活水平之后，才可以考虑回归；而许多商人相信统一会到来，因而他们把一部分资本拿到大陆去投资，并且在那里把生意做得很好。

在过去数十年中，中美之间由于台湾问题而不断发生冲突和危机，但也有过缓和时期。今后也还会是这样。任何中国领导人没有别的选择，只能继续耐心地依靠自己生活水平和实力的加强，同时强烈地坚持统一的权利并警告台湾不要提出主权要求。事实上，特别是鉴于中国广泛存在的爱国主义自豪感，美国如果承认台湾拥有主权，可能将带来灾难性的后果。

从理论上讲，作为一种选择，美国可以逐步减少对台湾的军事和经济支持。但只有一个具有远见卓识的政治家才可能敢于迈出这一步。只有中美关系出现根本性的变化，这样一个步骤才会被认为是符合美国利益的。在我看来，在未来几十年里，这是不大可能的，但也不是完全不可能。

在这期间，预计中国将与韩国和东南亚国家保持睦邻友好关系，并将靠近东盟组织。在东亚和东南亚大部分地区（最突出的例外是缅甸和朝鲜），经济成就使一些国家和地区出现了非同寻常的经济活力。最初是日本，然后是韩国、中国台湾、新加坡和中国香港，最后是20多年来一直预示要发生的中国的崛起。与此同时，亚洲国家也开始关注欧盟的机构及其统一市场的经验。可以设想，欧盟的榜样将促使东亚和东南亚地区类似拉美那样建立国家之间的自由贸易区。由于这种发展尚面临相当大的顾虑和心理障碍，使之实现估计还要好几十年的时间。

无论如何，今后数十年里，中国有兴趣维持多边组织存在，特别是维护联合国和安理会的功能。在这一点上，与欧洲国家、俄罗斯、日本以及几乎全世界的利益明显一致。而这些国家又希望拴住中国。因此，像迄今已邀请俄罗斯那样，邀请中国参加七国/八国集团是明智的，并且要让这两个国家均成为正式成员。今天，中国的经济实力已远远超过加拿大或巴西，几年以后将超过意大利、英国和法国，10 年以后还会超过德国。由于中国是最重要的进出口国家之一，并鉴于其巨大的石油进口需求（仅次于美国占第二位）以及巨大的外汇储备(2003 年底达到 4000 亿美元，几乎和日本一样多)，世界经济希望中国参与制定共同避免危机的战略和参与共同的危机管理。中国自己也迫切希望全球经济发展良好。

最后，还需要指出，防止核武器和其他大规模杀伤性武器扩散符合国际社会的共同利益。中国肯定担心完全被孤立的直接邻国朝鲜可能拥有核武器，至少也同样担心美国和朝鲜围绕这一问题的冲突会激化。因此，中国为缓和局势而继续发挥影响是可能的；而为了世界和平的利益，中国发挥影响也是可取的。

自 1949 年中华人民共和国成立以来，以毛泽东、邓小平、江泽民及胡锦涛这些名字为标志，中国人已经历了四代领导。从毛到邓的转变带来了深刻的变化，从邓到江的转变是顺畅而渐进的，从江到胡及其领导精英的转变是有准备而顺利的。在所有这些转变中，共同的标准都是维持中国共产党及其机构的统治。很多美国人和欧洲人对这种一党统治的体制[①]感到深为可疑和讨厌，因为它违背了西方的政治传统。如果是在我自己的国家，我也会出于经验和信念反对这样的政府体制。但是，鉴于中国过去的政治体制，也鉴于中国长期经历的内战，以及随后毛进行的伟大试验造成的损失，我认为中国现行体制所保障的政治稳定是符合需要的，对中国人民及其邻国来说都是有益的。中国的权威政治文化很可能会随着市场经济的发展以及国家的开放而发生演变。它在邓小平领导下已经发生了巨大变化，如今中国人在自己的国家里享有的自由比过去任何时候都要多。应该听其自然发展，如果当真试图在政治上从外部加快这一进程，将不会有好结果。相反，这样做可能会引发巨大的灾难。

① 中国共产党在国家政治生活中的领导地位是在近百年来中国革命的历史进程中形成的。中国实行共产党领导下的多党合作制度，适合中国的国情，是具有中国特色的民主政治体制。——译注

印度次大陆

到 21 世纪下半叶，印度将成为世界上人口最多的国家。在 21 世纪中叶之前，印度的人口将超过中国。印度为降低出生率而一度采取的残暴措施已经被放弃。

21 世纪初，印度的国民生产总值大约占世界的 1%。1991 年以来，经过大规模的经济改革，特别是减少国家干预后，印度经济年均增长 5% 以上。在世界范围内比较，这个增长率是很高的，当然比中国明显低很多。中印两国可能在今后两代人期间仍将是发展中国家，人均收入和生活水准远远达不到工业国家的水平。目前，印度妇女只有一半能够读书写字，贫穷和营养不良随处可见。

印度是一个偶然聚合在一起的国家。过去，今天的印度各邦同其东部邻国孟加拉国和西部邻国巴基斯坦一起是大英帝国的殖民地。第二次世界大战结束时，英国不得不放弃在那里的殖民统治。那里先是被分成两个国家，20 年后又分裂出东巴基斯坦并宣布成立孟加拉国。巴基斯坦和孟加拉国都是伊斯兰国家，虽然由好几个少数民族组成，但是统一的宗教如同一个强有力的夹子，维持着这两个国家的存在。在印度，10 亿人口中百分之八十是印度教徒，百分之十几的穆斯林教徒分散在全国各地。印度在种族方面是多元化的，许多民族和部族生活在一起。与此相应，语言也是多种多样的，除了印地语和英语外，至少还有 17 种其他语言为官方语言。

如果说印度的行政管理、司法和民主制度与其他亚洲国家相比总体上运转得很出色，那要归功于英国的殖民传统。印度精英阶层中已形成了相应的民族意识。另一方面，由于分布不均的贫穷和印度教与穆斯林之间的对立，印度是一个很难治理的国家。自从这个国家成立以来，这一矛盾成了印度内政上的主要问题，并且似乎要强使人们更多地从世俗的角度去理解这个国家。但它同时在很大程度上决定着印度的外交政策。

印度与巴基斯坦之间持续了半个世纪的克什米尔冲突，成了双方外交政策中高于一切的因素。1949 年双方达成停火协议之后，1950 年印度的尼赫鲁和巴基斯坦的阿里汗相互做出双方都要负起责任的保证，这在当时是前所未有的，但从那以后，双方并没有进行过认真的、旨在解决冲突的谈判。双方都缺乏有远见的、能够意识到自己要对和平负责的领导人。现在，两国都拥有核武器。不能排除有那么一天，克什米尔冲突会危及南亚次大陆的和平，甚至超出这个范围。

与大多数伊斯兰国家一样，拥有 1.4 亿人口的巴基斯坦是一个专制统治的国家，其中军人起主要作用。为了赶走俄罗斯人，伊斯兰极端主义分子和游击队在美国的支持下，以巴基斯坦为基地，在阿富汗进行战斗。美国对“基地”组织和塔利班的战争，尤其是针对萨达姆的战争，使伊斯兰堡和巴基斯坦军人政权陷入进退维谷的境地。一方面，穆沙拉夫将军无法使巴基斯坦逃避参与美国对“基地”组织的战争，因为他在国内也不得不反对“基地”组织的恐怖袭击，而且美国还是巴基斯坦最重要的财政援助国。另一方面，与绝大部分伊斯兰国家一样，巴基斯坦的民众和政治家明显地反美。今后任何一个巴基斯坦领导人都将面临这一尴尬境地，比如，如果以色列和巴勒斯坦的冲突升级的话，或者穆斯林与西方之间一旦发生大规模的敌对行动，那就更加如此了。

对印度来说，无论是巴基斯坦支持的穆斯林在克什米尔以及其他印度邦进行的恐怖活动，还是印度教徒的反恐怖行动，都是难以承受的。如果中东局势恶化，印度迄今与以色列的军事合作会怎么样呢？如果穆斯林和西方之间发生大规模的政治和文化冲突，印度将如何反应？印度必须考虑的是，印度不仅在东面和西面分别有一个——各自拥有 1.4 亿人口——伊斯兰邻国，而且本国内部也有 1.4 亿穆斯林。

长期以来，在印度政治阶层的思想中，同中国的竞争起着重要作用。中印边界战争已经过去40 年了。这场战争当年曾促使印度与苏联进行密切合作，包括在军事方面。从那以后，印度与俄罗斯的关系一直良好。如同中俄关系已经正常化，中国正在制订今后从俄罗斯以及中亚伊斯兰国家进口石油和天然气的计划一样，印度也指望得到中亚地区的石油，而铺设石油管道必然要经过巴基斯坦。

今天看来，印度外交政策的长期选择是难以看清的。由于持续不断的人口爆炸和城市人口的有增无减，印度政治阶层的注意力和活动将更多地放在内政方面，而不是外交上。从长远看，印度在外交上可能更加谨慎小心，更多是做出反应而不是主动出击。这也可能适用于克什米尔冲突。根据迄今的经验，如果这个冲突能得到解决，那将是个奇迹。美国最有可能作为掮客促成这一奇迹，但这不过是个奇迹而已。

世界各国的元首、政府、外交助手和军人几乎都倾向于在外交领域发挥作用，或至少在本国公众中造成这种印象。外交上的成果可以为内政上所用，人们常常也是出于这个原因而不遗余力地致力于取得外交成就。这一原则亦适用于印度。但是，暂时还看不出印度能在哪个领域里推行本质上不同的外交政策而可以取得成就。不管怎样，印度将致力于促进联合国和其他大的多边国际组织保持其职能及发挥作用。其他世界大国应该看到，在今后几十年内，印度将发展成为一个新的世界经济强国，并将远远超过巴西和墨西哥。

伊斯兰、中东和石油

作为世界性宗教，伊斯兰教在文化上和政治上有着巨大的影响。世界上差不多有三分之一的国家以不同的方式打上了伊斯兰的烙印。除了以色列之外，中东地区是众多穆斯林民族和国家在地缘上连成一片的集聚地。其中一些国家相互敌视，至今仍有战争和内战；一些国家拥有巨大的石油储藏，另外一些国家几乎没有一滴石油。中东的石油储藏对于世界能源的供应具有举足轻重的作用。由于今后几十年这一状况仍将保持下去，世界各大国都对这一地区虎视眈眈。中东地区长期以来就是宗教纷争之地，这不仅发生在信奉犹太教的以色列人与逊尼派阿拉伯人之间，也发生在当地的逊尼派与什叶派之间。正因为如此，中东地区有可能成为伊斯兰和西方之间发生文化冲突的发源地。该地区数十年来一直是世界上最严重的动乱之源。

与此同时，世界其他国家对伊斯兰和中东了解得很少，甚至一无所知，比如中国和日本就是这样。[①] 虽然拥有2亿人口的印度尼西亚是世界上最大的伊斯兰国家，是中日两国的重要市场和相隔不太远的近邻，但直到最近，出于本国能源的需求，北京和东京才开始与伊朗和中东国家以及中亚地区伊斯兰国家打交道。而在美国和欧洲，这个进程早已开始了。但是，无论是美、欧还是中、日，对伊斯兰的理解都没有明显的长进。

好几代欧洲人都十分欣赏伊斯坦布尔圣索菲亚教堂的雄伟壮观和格拉纳达阿尔汉布拉宫[②]的金碧辉煌，喜爱来自“东方”的地毯和众多的阿拉伯手工艺产品。但对于大多数欧洲人和美国人来说，伊斯兰是陌生、不了

---

① 在古代，中国通过丝绸之路与中亚、波斯及阿拉伯诸国有着密切的商贸与文化往来。7世纪时，伊斯兰教传入中国，中国的多个民族开始信奉伊斯兰教。新中国成立后，陆续与中近东、北非、东南亚及中亚等地的伊斯兰国家建立了外交关系，对这些国家的了解、同这些国家的交往与友谊日益加深。——译注

② 阿尔汉布拉宫是位于西班牙南部格拉纳达的一座伊斯兰风格的宫殿。——译注

解和无法理解的。我们常常看到穆斯林朝圣者和信徒五体投地朝拜的情景，但是，对于穆斯林教徒从共同朝拜中在心灵上焕发出来的强烈感受力，我们更多是感到害怕，而我们对《古兰经》可谓一无所知。自从“基地”组织对纽约和华盛顿进行恐怖袭击以来，许多美国人倾向于把伊斯兰恐怖主义与伊斯兰画上等号。这种建立在知识匮乏基础上的简单化做法，将会导致持久的相互敌对。

穆斯林由于无知也很容易产生误解。在大城市里集居的穆斯林生活贫困，大批失业，经济上没有出路。当他们在电视上看到西方生活的情景时，顿时感受到了歧视。他们看到了西方国家的自由生活方式，认为这种生活方式是令人厌恶的。世界经济全球化带来的不平等结果更是激化了很多国家的不满情绪；伊斯兰宗教激进组织的产生，部分也是对全球化和现代化的防卫反应。穆斯林群众很容易相信，他们不该有的贫困是西方造成的。除此之外，当他们看到以色列在军事上占有优势并得到美国的援助时，他们对巴勒斯坦人的同情很容易演变成对美国的仇视。美国在波斯湾以及从伊拉克到中亚和阿富汗，在伊斯兰国家土地上到处显示其军事存在，又进一步促进了这种敌视情绪。

如果伊斯兰和西方国家之间的敌对能在21世纪得以减少，那可是一个奇迹了。几百年以来，这种敌视一直受到基督教会、教皇、大主教和传教士的纵容，同样也得到伊玛目、毛拉、阿亚图拉和古兰经学校以及伊斯兰教学者们的纵容。世界上大部分宗教都是恶意排外的，伊斯兰教和基督教也不例外。两路宗教均以本派经书为依据。但是，由于《圣经》和《古兰经》都是需要解释的，两大世界宗教引发了广泛的、部分观点完全对立的神学争论。双方的经师都努力保护自己的信仰，双方都使用一种特殊的神学语言。但是，很少有一方去研读对方的经书。相反，双方的许多经师积极地致力于使相互敌对的情绪日益升温。

不论是基督教还是伊斯兰教，很长时间里都追求最高宗教和政治权威的统一，具体表现在哈里发和苏丹以及教皇体制上。天主教教皇早在中世纪末就失去了其政治权力，而伊斯兰神学至今仍把宗教与国家视为一体。实践中情况当然是另一回事。今天几乎所有伊斯兰国家不是实行君主制，就是实行不同程度的总统专制；唯有在伊朗，最高宗教权威同时也以专制的形式实施最高政治权力。

我们当中的一些人，特别是一些美国人以为，伊斯兰和西方文明之间的最大区别在于统治形式的不同：这里是民主，那里是独裁和专制体制。有些美国人甚至声称，民主国家由于其内在的和平性质而不可能相互进行战争。从这样的幻想出发，他们萌发了传教士般的想法，认为在中东推行民主化是他们的使命。目前在华盛顿政治影响很大的福音教和新保守主义势力有一种错误的看法，认为基督信仰和民主原则同根同生，民主、法治国家和人权是基督教的产物。然而，民主和法治国家的起源要比基督教早得多，它们也从来没有得到基督教会的推动。另一方面，在基督教的欧洲，在基督教的俄罗斯和基督教的拉丁美洲，数百年中有过专制政府，有过专制统治者，也有过令人憎恶的独裁政权。

美国企图从政治上稳定中东这个动乱之源，但在伊拉克取得成功的希望甚为渺茫。以为用几十年的时间就可以在中东补上欧洲和北美自启蒙运动时期以来的发展进程，然后可以引进民主的政府体制，那是一种危险的幻想。一方面，理性与启蒙时期在我们欧洲有过一个很长的前期发展历史，而这个理性与启蒙时期本身也是一个耗费时日的过程。另一方面，如果没有英国、北美地区和法国的大革命，我们既不能实现国家与教会的分离，也无法贯彻法治国家和人权的原则。启蒙的意思不仅是指哲学，即不仅是伏尔泰、卢梭和康德，而且也包括所有旨在把人类从专制国家和教会的监护中解放出来的其他科学。因此，不论是哥白尼和伽利略，还是格劳秀斯或者约翰·洛克、孟德斯鸠、莱辛，以及美国的《联邦党人文集》或者达尔文，均属于欧洲启蒙运动。作为延续数百年的历史进程，有时在荷兰或者英国，有时在法国或者北美，甚至有一段时期也在普鲁士和奥地利，都经历过兴盛时期。启蒙运动属于西方文化的基本经验。

欧洲和美国的现代民主及法治国家是这一广泛进程的结果。这一进程的发展并不总是和平的，即使在美国，奴隶的解放也是经过内战才获得的。谁要是企图将这一进程的结果从外部强加给伊斯兰国家，而且想在一夜之间就实现，就必须同时接受发生敌对和冲突的现实。谁要是甚至企图以基督上帝的名义对中东国家实行民主化，那么，他命中注定是要失败的。因为，伊斯兰教的大多数经师们都会抱着他们的教育传统不放，抱着穆罕默德的教义和传统不放，抱着伊斯兰教法不放。迄今为止，启蒙运动无论如何没有到达伊斯兰国家，尤其没有到达沙特阿拉伯。

在所有的伊斯兰国家中，沙特阿拉伯因其丰富的石油矿藏而具有显赫地位。沙特王室对外已在很大程度上适应现行国际法并参加了联合国和其他国际组织。对内，沙特王朝实行的却完全是专制统治。与瓦哈比教派的传统联系，对麦加和麦地那圣地拥有的主权，以及在精神上和财政上支持本国以外的伊斯兰激进组织分子，使其统治得以合法化。经过几十年的时间，巨额的石油财富为沙特提供了巨大的财政活动空间，使该国为数不多的上层社会过着奢侈的生活，但其他阶层的人民也获得了比较高的收入。从经济角度来讲，沙特阿拉伯处于一个幸运的境地，可以向上或向下操纵石油生产和石油出口。这种主导石油供应的独一无二地位，使沙特在石油输出国组织中起着领导作用。与美国谨慎地保持一致，使沙特政权在外交上得到支撑。直至20世纪80年代末，沙特似乎一直是个稳定因素。

由于每年人口迅速增长3.5%，由于世界石油市场上出现了新的因素，由于卷入了伊斯兰运动，以及由于中东阿拉伯国家不断增长的反美情绪，近来形势发生了对沙特政权愈来愈不利的变化。从20世纪80年代以来，2200万沙特人的生活水平没有再提高，而是下降了，年轻人失业率很高。在美国第一次伊拉克战争中，驻扎在沙特的美军最多时达50万人，瓦哈比教派对此十分不满，今天驻沙特的美军仅有5000人。

当前沙美关系比较冷淡。不仅是本·拉登，还有许多其他伊斯兰恐怖分子都来自沙特。沙特家族坚持在学校和大学里进行清教徒瓦哈比派式的教育，也坚持其瓦哈比派式的自我表现。但在反恐问题上，沙特迫于无奈，不得不迎合美国，这在本国人民中却不受欢迎。沙特实际上的开国元勋费萨尔·伊本·沙特有好几千个子孙后代，他们之间有着密切的裙带关系并一成不变地延续至今，这使沙特统治者的声誉不佳。沙特政权在国内的政治合法性开始剥落，不能排除沙特政权被推翻的可能。

沙特至今仍是世界石油供应的主要支柱。正因为如此，没有一个美国总统哪怕是在睡梦中会把沙特列入“无赖国家”或者“邪恶轴心”。美国当前的首要任务是稳定已被打败了的伊拉克，这项任务必须由美国人自己来完成，同时还要处理与伊朗十分紧张的关系，美国经不起再与沙特为敌。但是，美国人必须面对这样一个问题，即今后如何看待和处理沙特及其统治者，尤其是目前沙特家族最后的当政者预计快离开人世，而其身后的继承问题还不明朗。沙特王室本身由于同美国合作，面临着宗教激进主义和恐怖主义的威胁。同时，沙特也面临着全面革新其古老政府体制的必要性。欧洲人必须做出决定，是否准备以及打算如何支持这个国家中谋求政治自由化的力量。

中东的关键问题，如果不是解决以色列和巴勒斯坦之间的冲突，至少是遏制这一冲突。只要美国不朝这个方向做出认真、明显和持久的努力，只要美国不能使局势平静下来，中东问题就会持续存在，因为在可预见的将来，其他任何国家和政府都没有解决中东问题的手段及力量。1977 年签署了《戴维营协议》。正是在那一年，我的好友、埃及总统萨达特访问了与之打过四场战争的敌国以色列的议会。自打那个时候以来，美国对以色列及巴勒斯坦的政策变得摇摆不定和反复无常。其原因很明显在于美国的内政。

自拉宾被暗杀和 1993 ~ 1995 年奥斯陆进程结束以来，暴力和复仇、恐怖和反恐怖事件呈螺旋式上升。萨达特和拉宾都是被本国的极端分子所谋害。今天，我们几乎每天都能看到自杀性袭击事件发生。以色列政府在本国领土之外修筑的高墙不能结束恐怖主义。对许多巴勒斯坦人来说，几乎在所有被占领军政权统治的地方，反对占领者的恐怖主义行动是英勇的抵抗行为。由于这种情况将会继续下去，巴勒斯坦领导人的政治活动余地很小。以色列的活动余地稍大一些，但由于近几年双方之间发生的暴力行动，这种余地也缩小了。

最近几届以色列政府不愿意妥协的态度在欧洲愈来愈受到批评。这种批评在美国甚至以色列国内也已开始出现。批评引起了反批评。谁要是批评以色列政府，谁就被指责为推行反犹太主义；谁批评以色列，谁就是危及犹太人的生存。对于德国人来说，在发生了对犹太人的大屠杀之后，更难以顶住这种反批评。德国人可以寄希望于愿意和平的以色列人以及生活在美国和欧洲的自由派犹太人，但是任何一届德国政府都应该谨慎加小心。与此不同，法国或英国的当权者，特别是美国政府就自由得多，因为反犹太主义的指责安不到他们头上。

“不同文化之间的相互抵制将决定未来阵线的走向”，1993 年塞缪尔·亨廷顿在其著名的《文明的冲突》一书中这样写道，并要求西方“加深对其他文化的宗教和哲学基础的理解”。这一要求符合欧洲的切身利益，因为欧洲人与伊斯兰国家在地理位置上直接相邻。即使在欧盟内部，伊斯兰教如今已是第二大宗教团体。在许多地方，当地居民和移入的穆斯林之间已经发生摩擦。欧洲人比起美国人来更需要基督教和伊斯兰教这两大世界宗教和平相处。

因此，尽管很遗憾这是不大现实的事情，仍希望欧洲的政治领导人能够共同采取一种明确的宗教宽容立场。但他们将既不能用宗教宽容的思想去影响美国，也无法与美国共同制定一项解决中东问题的战略。今后几十年里，中东很可能是一个危险的不安定的策源地。

尽管如此，我们仍须坚持宗教宽容的必要性。在这方面，西方不应该忘记，人权的普遍性思想以及最近发展起来的人道干预思维均源自北美—欧洲的启蒙运动。西方也必须严格区分宗教激进主义和伊斯兰恐怖主义。由于21世纪里人们将比过去更加密切地生活在一起，对许多人来说，最起码的宗教宽容很快将成为他们生存的先决条件。因此，必须向所有的宗教团体领袖、政治家和教育者呼吁：教育信赖你们的人们实行宽容，反对一切以宗教为由的恐怖和暴力行为。

俄罗斯——悬念中的世界强国

随着穆斯林自我意识的增强，俄罗斯也遇到了问题。俄罗斯 1.45 亿国民中至少有 1500 万人甚至是 2000 万人信仰伊斯兰教。这些人大多生活在北高加索许多小的自治共和国、伏尔加河地区和西伯利亚。车臣的情况尤其突出，因为媒体的报道在世界大部分地区引起了人们对车臣穆斯林分离主义斗争的关注，并使莫斯科的粗暴镇压不断地遭到严厉批评。

普京总统 2000 年上台时，面临着 1994 年以来烽烟迭起的这场内战。普京迄今既未能缓和，更无法结束这一血腥的悲剧。“基地”组织袭击美国以前，美国人认为车臣内战在道义上是不能忍受的。但自从华盛顿宣布

“反对恐怖主义的战争”以来，美国由于需要俄罗斯的配合，对普京的批评明显减弱。然而，人们尽管很难同情伊斯兰分离主义的起义，但谴责俄罗斯用重武器打这场内战还是不无道理。

今后，如果在广袤的俄罗斯国土的其他部分也爆发伊斯兰起义和恐怖活动，那将不足为奇。早在沙皇和苏联时期，伊斯兰势力和莫斯科之间的冲突就屡见不鲜，1979～1980年苏联入侵阿富汗即是一例。要不是20世纪90年代苏联解体导致了哈萨克斯坦、乌兹别克斯坦、吉尔吉斯斯坦、土库曼斯坦、塔吉克斯坦五个中亚共和国的分离和独立，也许今天整个中亚都会成为一个伊斯兰活跃的地区；不单是阿富汗，还有主要是巴基斯坦的势力都会卷进去，其影响将远及中国西部的新疆维吾尔自治区。此类情况将来也还会发生。不过，对莫斯科来说，伊斯兰问题的重要性远远排在困扰着俄罗斯的内政和经济任务之后。

只有综观俄罗斯近两百年的历史，才能理解俄罗斯的复杂问题。对熟悉俄罗斯文学的人来说，莱蒙托夫、普希金、图格涅夫、果戈理、契诃夫、陀思妥耶夫斯基、托尔斯泰都是不朽的巨匠。许多人读过高尔基、肖洛霍夫、索尔仁尼琴的著作。伟大的俄罗斯文学是欧洲文化的一部分，俄罗斯音乐也是如此。米兰、巴黎、汉堡、伦敦的音乐厅，没有哪一家不演奏里姆斯基－科萨科夫、柴可夫斯基、穆索尔斯基、斯特拉文斯基、普罗科菲耶夫、肖斯塔科维奇的作品。俄国人在文学和音乐领域为共同的欧洲文化做出过不可估量的贡献。此外，14 世纪以来，以莫斯科为中心的俄罗斯东正教有一种传教士般的抱负，历代俄罗斯大君主都为之奔忙效劳。伊凡雷帝、彼得大帝如同他们众多的老祖宗和继承人一样，都以为自己负有一种使命。列宁和斯大林则继承了这种帝国主义的抱负和使命感。

拿破仑最终失败以后，俄罗斯成了欧洲大陆的头号强国，但俄国的权力集中在沙皇个人手里。沙皇政权不仅反动和极端保守，它还处心积虑使俄国免受西方的影响。这种害怕西方影响的传统使得启蒙的纪元从未真正抵达俄国，其结果是俄国既没有发展法制文化，又没有发展现代经济。尽管有过一些小小的改革，但俄国直到 19 世纪末依然是一个农业国，人民生活穷困，全部收成落入占有土地的贵族的腰包。虽然莫斯科有一些手工作坊和纺织工业，乌克兰有煤和钢，彼得堡或者敖德萨有航运、造船和外贸，但直到跨入20世纪时才首次出现工业的某种繁荣。随着第一次世界大战期间的军备努力，工业无产阶级虽有所壮大，但列宁1917年接管政权时，这个阶级对俄国经济还根本不具有代表性。

在共产党执政下，发生了很大的变化，工业就业人数迅速增加。现在一切都掌握在国家手里，国家官僚机构决定生产什么、生产多少、供应给谁。它们负责筹资、确定新项目、规定工资和物价。几乎不需要银行，没有复杂的征税制度，也没有税收一说。对工资和物价的专断保证了工厂的盈利，由此构成国家预算的收入来源。

如果不能取得足够的利润，中央银行就介入其中，并加印卢布供国家使用。通货膨胀是不可避免的后果。20世纪80年代末，我在同戈尔巴乔夫的一次谈话中指出增加货币发行量的危险性时，他却满不在乎地说："关于货币发行量，我们在莫斯科从不记账。"他这样说肯定不符合事实。但由此可以看出，即使是一位工作多年的政治局委员，对经济概况也不甚了了。

当戈尔巴乔夫开始他那过于仓促、缺乏充分准备的改革时，苏联还没有对竞争和开放市场富有经验的经理人员，也没有名副其实的工会。既没有税收制度、没有财政局、没有法制安全，也没有哪个私人拥有财富或货币资金，能够买下一家国有企业。在这种情况下，几乎必然的后果就是，整个行业、大公司和小工厂是在混乱中完成私有化的。

必须清楚地看到，今天俄罗斯大公司那些富有的股东或老板，几乎没有一个人是正大光明地取得财产和支配权的。一旦那些大公司的老板，即所谓的寡头们，试图依靠自己的财力对国家政策施加影响时，他们同政府的冲突就不可避免。因为在政府方面，庞大的旧官僚机构还在很大程度上保持着其功能。过去它习惯于统管一切，如今拼命地为保住自己的计划权、审批权和决定权而奋斗。在此情况下，贪污腐败和影子经济丛生，在首都莫斯科和圣彼得堡尤其如此。在那里，谁要是没有一份非正式的、不纳税的（以美元计的）额外收入，那他真是个穷光蛋了。

就广大群众的生活水平而论，用西方的尺度来衡量，俄罗斯是个发展中国家。虽然有几万名拥有百万美元以上的富翁，但约有四分之一的人民大众生活在官方公布的最低生活线以下，即每月收入 70 美元。历史上饱经苦难的俄罗斯人民以一种令西欧人感到吃惊的冷漠忍受着他们的处境。经过 20 世纪 90 年代内政动乱时期经济持续萎缩之后，自从 2000 年普京上台以来，总算出现了持续高速的经济增长，失业率和通胀率略有下降，外贸持续顺差——主要是依靠石油和天然气出口——外汇储备也有了相应增加。对于近五年经济指数的发展情况，俄罗斯完全可以感到满意。

然而，俄罗斯仍面临着巨大的改革任务。改革方案的重要部分虽然已经成为法律，但在实践中还经常是拖泥带水，陈旧的国家官僚机构动作尤为迟缓，依然缺少法制安全。俄罗斯要把改革纲领变为社会现实和经济现实，还需要多年的时间。对此，老一代人似乎多数采取观望态度。改变现实和实施现代化的愿望和意志，还有待于在年轻一代身上体现出来。

对于改造经济和改造社会来说，坚持改革努力和保持政治领导的稳定性特别重要。从俄罗斯的历史背景看，有一个专权政府几乎是不言而喻的。在可预见的将来，西欧模式的多党民主制在俄罗斯很难立足，而建立一种让当选总统拥有广泛权力的总统民主制看来是适当的。这样，将来关键仍在于第一号人物的个人能力和素质。如同在共产党统治时期一样，如何安排接班人将具有决定性意义：由谁来提出一位或几位候选人？从什么范围内挑选？由谁来选举总统？

早在叶利钦时期，老的共产党人就丧失了绝大部分本已所剩无几的信任。对军人的信任可能还保留得较多一些，但全世界的军人都是保守的，在俄罗斯也不能指望由军人来实现彻底的社会现代化。从少数大公司老板中选出一位总统也不大可能。于是人们把目光放在了主要在莫斯科和圣彼得堡兴起的中产阶层身上。不过他们暂时还为数甚少，例如迄今只有7%的俄罗斯人持有划账账户。因此，当今俄罗斯总统的一项不成文的任务是，创造条件来发展一个由工商业主、自由职业者、公务员和知识分子组成的、对自己的国家满怀信心和信任并大力予以支持的中产阶层。鉴于出生率降低、社会人口老化、萎缩以及养老保障的相应欠缺，俄罗斯领导人面临的任务实在不令人羡慕。

有两个领域的效率显得出类拔萃。一是大批主要在苏联时期培养出来的、曾在国防工业和宇航业服务过的自然科学家和工程师。苏维埃制度的一个特点是，拥有全部高科技的军工部门既未在民用工业也未在消费品工业中起到值得一提的积极的附带作用。因此，在国防工业及其外围研究部门中，还存在着未被利用而可以服务于民用事业的巨大潜力。在苏联时期，军火出口是一个重要的外交工具，但今天军火出口对俄罗斯的用处已很有限。同时，现在俄罗斯本身对各种武器和军用物资的需求，较之斯大林、赫鲁晓夫或勃列日涅夫时期已大为减少。如果俄罗斯政府能够把研究部门的任务加以转变，把国防工业的工程师用于为国民经济服务的目的，就可以大大促进现代化的进程。当然，它首先必须克服重重阻力。

在第二个重要部门，即石油和天然气工业领域，无论是意识形态偏见还是物质利益，都不会阻碍其继续发展。这里的人们用现代化方法进行研究和工作，而且还实行现代化管理。石油和天然气几乎占俄罗斯出口额的一半，占国家全部收入的近三分之一，在国民生产总值中的比例估计为12%以上。俄罗斯肯定希望石油和天然气能在世界市场上保持高价，并能增加出口。俄罗斯遥遥领先拥有世界上最大的天然气储藏量，目前占世界储藏量的30%以上；俄罗斯的石油储藏量也占全球储藏量的6%。在这两个部门看来，还有可能增加开采量。这当然需要投资，首先是用来建造输油气管道。迄今为止，油气主要是在西西伯利亚开采，几乎全部出口到欧洲。作为新的市场，首先考虑的是中国和日本，但尚未铺设管道。正如石油、天然气在今后几十年内总体上对俄罗斯具有战略意义一样，俄罗斯政府即将就管道走向及其远东终点站做出的决定，在外交上也有重要的战略分量。

俄罗斯由于疆土辽阔，地下资源尚未充分利用，直接邻国为数众多，核军备规模巨大，是三个战略性世界大国之一。[1] 这在将来也是如此，即使今后几十年俄罗斯在内政、经济上仍处于虚弱地位。

直到20世纪80年代，自负的全球性使命感以及在世界政治中追求虚名的欲望，促使苏联领导人错误地把

① 在作者看来，除美、俄外，第三个战略性世界大国是指中国。——译注

本国人民的供应和福利置于所谓外交、战略及军事的必要性之后。如今，只有朝鲜和古巴这两个共产党专政的国家还相信可以如此忽视本国人民的基本生计。对俄罗斯来说，无论是谁接普京的班，政府再采取这样的态度是不可想象的。相反，保持俄罗斯内政、经济的稳定将是今后几十年最为重要的任务。

同时，俄罗斯也面临一系列外交问题。首先是同美国、中国和欧盟的关系，然后是同许多欧亚小邻国的关系。与绝大多数欧洲国家一样，俄罗斯也受到跨国移民的压力以及跨境疫病和国际恐怖主义的威胁。但在可预见的将来，俄罗斯的安全不会遭到别国的威胁。对于这一点，任何一个不带偏见地观察和评估世界形势的人都不会得出另外的结论。说什么俄罗斯必须提防另一个或者一群国家的攻击，因而必须武装好自己，那是无稽之谈。

不过，俄罗斯也有人认为自己的国家很可能会受到军事攻击。这种恐惧源于苏联时期和冷战的思维习惯。当时人们以为，本国的庞大军备可以保持两个大国之间的平衡，而这一平衡是维护和平及本国安全的决定性前提。当时，这种很简单的战略考量在俄罗斯人看来不仅是可信的，如果不是同美国的两极军备竞赛一再打破平衡，这在客观上也是正确的。如今，军事潜力使一个大国成了全球性超级大国，而另一个大国的军备却萎缩了。于是有些俄罗斯人得出结论：由于不再存在全球性平衡，俄罗斯受到了威胁。

事实上，军备比重在20世纪90年代虽然发生了严重倾斜，但俄罗斯仍有能力并且将来也有能力进行核反击。所以，无论现在和将来，都不能设想美、俄两国会打一场核战争。如果要打一场常规战争，则双方都没有能力。北约作为整体，如要对俄罗斯进行常规攻击，在军事上、政治上也没有这个能力。过去人们把冷战形象化地比作为一只瓶子里两只敌对的蝎子。如今情况发生了决定性的变化，莫斯科不再愿意越出本国边界到处去传教了。今天的俄罗斯已不再是“蝎子”了。尽管一些欧亚邻国仍有狐疑，但现在欧洲人或中国人同俄罗斯人的邻国关系和合作比20世纪任何时候都好。

不过人们也应当理解俄罗斯的担心，因为在俄罗斯人的眼里，不仅是欧盟，而且还有大西洋联盟，都已大大地向东扩展；北约部队已进驻前南斯拉夫国家和阿富汗；吉尔吉斯斯坦和乌兹别克斯坦现在有了美国军事基地。这种态势在一名俄罗斯将军看来绝非是一种友好拥抱。他会问自己，这后面会藏着什么样的祸心？

欧洲各国政府同华盛顿一样，都曾努力打消俄罗斯人那种受地缘政治包围的感觉，如成立常设北约俄罗斯联合委员会，接纳俄罗斯参加世界经济峰会，经常进行官方互访和会见，等等。尤其是欧洲人十分尊敬俄罗斯人民，尊敬普京及其改革努力，将来也需要这样。我作为一个参加过二战、在俄罗斯土地上跟俄国兵打过仗的德国人，感到特别欣慰的是，今天已经几乎感觉不到互相仇恨，两国政府明确表示愿意建立公平的伙伴关系。

在今后几十年内，不断加强经济合作将有决定性意义。俄罗斯需要欧洲的投资，欧洲各国的经济需要俄罗斯的石油和天然气。令人高兴的是，今天德国在俄罗斯的进出口贸易中都成了头号伙伴，只是经济交流的规模还很小，每年的双向贸易额才 100 亿欧元多一点。在俄罗斯人眼里，首先应争取加入世界贸易组织，然后再考虑同欧盟建立联系国关系，或者是成立自由贸易区。从欧盟的角度看，特别是在东扩以后，对这样做是有兴趣的。当然，作为条件，俄罗斯内部应建立起足够的法制安全。

如果人们要问，俄罗斯的外交政策现在或将来有什么选择余地，回答是多种多样的。从俄罗斯方面看，目前最重要的是对美关系。俄罗斯人努力同美国建立伙伴关系，但对美国的对俄政策目标有不安全感。以伊拉克战争为例，莫斯科在2003年出于与北京同样的理由反对美国。俄中两国出于自身利益，迫切关心《联合国宪章》和这个世界组织的职能，特别是其安理会的职权不应受到损害。只要美国继续保持单干趋势，莫斯科就要考虑，在同美国建立伙伴关系这一点上应走多远。由此俄罗斯可能更多地靠近欧洲和中国，但持续地脚踩两只船将会是痛苦的。

俄罗斯和美国的利益在两个领域无疑存在一致：一是防止进一步扩散核武器和其他大规模杀伤性武器，二是反击伊斯兰恐怖主义。然而，单凭这些共同点还不足以形成长远的对外政策。由于欧洲人在近期内找不到一种共同的对外政策，俄罗斯暂时只能在经济上而不能在结盟政策上同欧洲接轨。在俄中关系方面，来自中国东北悄悄地移民压力可能会造成紧张，但更大的可能是，这两个世界大国不愿让此类事情影响它们当前的良好关系。仅仅由于美国的实力优势，莫斯科和北京暂时亟须保持一定程度的伙伴关系，但它们之间不会有紧密而长期的联盟关系。至于中东和中亚的发展，莫斯科考虑到自己在内政和经济上的轻重缓急，将在这两个地区努力保持克制。俄罗斯现在是心平气和的。俄罗斯的军人、官员和外交官也是如此。这个国家要争取时间来进行急需的改革。

只要乌克兰和白俄罗斯的内政、经济发展继续落后于俄罗斯，由于有着上千年共同的历史，基于共同的语言和文化，并由于经济上紧密的相互依赖关系，这几个国家有可能走向重新合并。如果这一进程是通过自决而非动用武力进行的，外国加以干涉就将是一个严重错误，因为俄罗斯人民的自豪感和爱国主义十分敏感。虽然旧的精英已经消失，新的精英还在缓慢成长，但正是在这个困难的过渡阶段，俄罗斯有理由期望它的伙伴们特别能够设身处地替他人着想。

处在世界边缘的无奈

有这样一些大国，它们在世界经济和世界政治中既没有多大分量，也起不了什么作用。其中之一是印度尼西亚，现有人口 2.1 亿，仅次于中国、印度和美国而居世界第四。其次是孟加拉国，人口 1.35 亿；尼日利亚，人口 1.25 亿。还有拉美的两个大国也处于边缘：巴西，人口 1.75 亿；墨西哥，人口 1 亿。对于电视观众来说，只有发生自然灾害、政变或战争时，这些国家才会出现在屏幕上。对全球经济而言，只有爆发信贷、金融和货币危机时，它们才暂时显得重要。否则，这些国家在每天的新闻洪流里很少露面。

几乎整个非洲大陆的情况也是如此。全非洲 53 个国家都是发展中国家，人民群众生活贫困。非洲是唯一在最近几十年里极端贫困化越来越严重的大陆。尤其贫穷的是撒哈拉以南的“黑非洲”国家。这些国家大多是人为制造的实体，其边界很大程度上是由前殖民国家随意划定的。迄今为止，建设国家的努力只在少数几个地方获得成功，国家衰败常常是很自然的结果。刚果/扎伊尔是十几个这类国家的代表。与此不同，南非和两个小国博茨瓦纳和毛里求斯以及少数几个西非国家则有明显的发展和进步，人均收入也相对较高。但大多数非洲人所在的国家都处于发展进步和国家衰败这两个极端之间。

凭着自然威望而非军事力量进行统治的政治领导人在非洲少之又少，尤其是缺乏在国外有影响力的领导人。如几十年前的纳赛尔和萨达特，20 世纪末的曼德拉；或者是一个在任的政治家，如尼日利亚人奥巴桑乔，但因该国存在结构性混乱，他也受到很大的制约。由于频繁发生危机和武装冲突，由于缺乏政治的和国家的传统，政府机构的无能和贪污腐败在非洲比比皆是。基础设施薄弱，教育制度不善，医疗保障严重不足，使非洲深受其苦。尽管工业国家、世界银行以及许多私人组织给予了大量的发展援助，但情况仍不见好转。

同时，卫生状况最近10年有了更明显的恶化。在非洲的西撒哈拉地区，2000年有3600万人感染了艾滋病，几乎是全世界艾滋病感染者的四分之三；每年有300万人死于艾滋病，每天有1.6万人新感染上艾滋病毒。因而可以设想，非洲的人口数量可能发生滑坡。一方面是人口爆炸的后果，另一方面是艾滋病，两者可能在20年内使非洲人的平均预期寿命从今天的59岁下降到45岁。艾滋病是个危险的因素。不用几十年，非洲一切有助于全球发展的资源，包括石油和各种原料，其重要性将排在艾滋病的后面。

总体来看可以这样认为，今后几十年非洲不会给世界政局带来紧迫的危险。倒是诸如跨洲移民潮和传染病等隐蔽性危险会给世界造成负担。许多工业国家的人因疏于援助而感到内疚。

拉丁美洲的经济状况远比非洲要好，尽管也有些地区是例外。与非洲相似，拉美也存在着大量穷人与少数富人和极少数巨富之间的鸿沟。语言和天主教的广泛共同性，以及历史上形成的拉美国家的正统性，促使拉美各国之间保持着普遍和平。但是，在一共33个拉美国家之中，有些国家的国内和平却并不稳定。那里对军人的信任大于对民主机构和政府的信任，因此将来也可能经常出现军事独裁政权。

墨西哥长期以来就明确而片面地在经济上紧靠美国。运转了10年的北美自由贸易区（NAFTA）已产生作用。墨西哥80%以上的出口面向美国，再加上旅游和移民，同美国的经济纽带日益成为外交纽带。中美洲和加勒比地区的16个小国情况与此相似，但程度上明显低一些。

另一方面，最大的拉美国家巴西有一种远离美国的倾向，主张南美的一体化和同一性。南方共同市场的成员国和联系国组成了一个关税区，这些国家的发展水平和人均收入是拉美最高的，巴西、阿根廷和智利尤为突出。由于过高的预算赤字一再在拉美引起金融货币危机，而这些危机必须由深受美国影响的国际货币基金组织牵头解决，加之美国的私人银行在拉美投入甚多，估计美国不难保持其对拉美发展的巨大影响。在这方面，华盛顿从来都不择手段。

有三个国家由于不同原因而成为例外。其中之一是共产党专政下的古巴。显然，华盛顿早已放弃了使用武力的念头，而是在等待卡斯特罗的末日，并抓住军事基地关塔那摩不放。但不能肯定的是，将来古巴向一个比较自由的政府过渡时，是否会在没有纠纷和没有美国干涉的情况下进行。

哥伦比亚的例外则是出于完全不同的原因。哥伦比亚是世界主要的可卡因生产者，满足着四分之三的需求。在这方面，只有阿富汗能与之相比，阿富汗仍是罂粟和海洛因的主要供应者。由于有4000多万人口的哥伦比亚治理得很糟，40年来遭受游击队和犯罪团伙的战争之祸，每年丧生的人数多达3万。在这种无政府主义状态下，形成了大规模的毒品经济。美国虽然有大量驻军，但迄今只是犹犹豫豫地加以干预，欧洲国家则持观望克制态度。哥伦比亚的邻国秘鲁和玻利维亚也在大量生产可卡因。这三个国家的种植面积估计总共多达20万公顷。来自这一地区的危险主要表现为北美和欧洲不断增长的毒品消费。

第三个例外是委内瑞拉。目前那里的内政状况混乱不堪，政府权威早已江河日下。该国是重要的石油输出国，它的石油储藏量比俄罗斯还多，仅次于阿拉伯产油国家。它的产油量在世界石油输出国中位居第五，约占美国石油进口的六分之一。委内瑞拉的石油开采量对世界市场价格影响很大。由于财政预算的一半要靠石油收入，石油开采的一度停顿使这个本来就饱受高失业率和高通胀率之苦的国家陷入严重的经济危机。近期内该国国内的混乱状况不会好转，并且不排除会产生国际影响。

上述三国的情况，在其他一些较小的拉美危机国家也存在，但总体来说它们对这个大陆并不具有代表性。不过，这些国家的情况表明，外国（即美国）只要想进行干涉，现在和将来都可以找到由头。目前，拉美国家同美国的关系很难一目了然。一些国家明确表示反对美国引发的伊拉克战争，其中甚至包括墨西哥；大多数国家不表态；哥伦比亚则加入了“志愿者联盟”。一旦拉美发生严重危机，预计美国将施加影响并进行干预，但中国、俄罗斯或欧洲不会干预。1982 年英国同阿根廷之间那场古怪的马尔维纳斯群岛之战则始终是个例外。几年来，华盛顿表现了克制。鉴于它过去曾多次在中美洲和加勒比地区进行过干涉，其目前的态度显得异乎寻常，原因可能是为了照顾那些西班牙裔美国人，因为他们作为选民在美国越来越重要。

自西蒙·玻利瓦尔和亚历山大·冯·洪堡[①]以来，拉美几乎再没有出现过一位有国际影响的大人物。切·格瓦拉和菲德尔·卡斯特罗虽曾在欧美极左派中风靡一时，但在拉美，他们如同庇隆夫妇一样只是过渡性人物。困扰人们的内政、经济和社会问题似乎使拉美各国难以做出任何超越本国范围的承诺。谁要是想了解那里的经济问题有多严重，只要看一些数字就行。巴西和墨西哥的人口加起来等于德国人口的三倍还多，但国民生产总值只有德国的一半。这就是说，在这两个最大的拉美国家，人均产值只及德国人均产值的六分之一。

不仅是巴西和墨西哥，所有33个拉美国家都是发展中国家，其中少数几个将在21世纪逐步地跟上工业国家。在此过程中，主要不是靠外来的发展援助，而是靠自己的意愿，靠自力更生，尤其是要靠目标明确的政府。今天看来，多数拉美国家还做不到这一点。从这个意义

① Simon Bolivar（1783～1830），南美西班牙殖民地独立战争领袖；Alexander von Humboldt（1769～1859），德国自然地理学家，曾在南美热带地区进行过广泛的科学考察。——译注

上说，它们与非洲和亚洲大部分地方的多数发展中国家相似。

当二战结束策划建立世界银行和发展援助的基础时，人们还不能预见到发展中国家的人口爆炸。假如人口出生率能够保持在当时根据20世纪上半叶的发展所估计的数字上，那么发展援助就可能会大大改善许多发展中国家的基础设施和生活条件。但事实是，只在少数例外的情况下取得了令人信服的成就，在多数情况下不大成功。失败的原因不仅在于发展援助通过引进现代医疗卫生在无意之中决定性地助长了人口爆炸，而且还在于那些在非殖民化进程中几乎一夜之间成立起来的发展中国家，大多既没有巩固的结构，又没有能干的精英。结果几乎必然是，许多国家的政府通过建立自己的军队来打造必要的基础。后来，军队提出了自己的要求。今天，发展中国家每年的军事预算比它们每年得到的发展援助要高出好多倍。更糟糕的是，一些工业国家提供的财政发展援助实际上隐蔽地被用来支付军火进口。

在先进的工业国家，有不少人出于理想主义和为了表示声援而主张大大增加发展援助；他们之中许多人积极参加私人性质的非政府组织（NGO）工作。但由于这些国家的群众首先关心的是满足自己的需要，而政府因为每隔四年要争取连任不得不做出让步，增加发展援助似乎遇到了巨大的障碍，更不用说这种援助本来就收效甚微。为了寻找罪魁祸首，近来有人开展了一场反对“全球化”的宣传战。由于这种示威的组织者找不到具体的责任人（实际上也不存在），他们就把发展本身妖魔化。姑且不论技术、信息和金融的全球化对许多发展中国家的经济暂时还没有产生负面后果，企图取消或至少停止这个进程，对任何人包括对发展中国家都没有好处。

如果工业国家能取消旨在保护本国工农业的一切保护性关税，那倒是有益的。保护性关税阻止了发展中国家向工业国家出售原料和农产品。但取消关税的效果是有限的，因为这一做法也会使参加世界贸易的其他国家受益。为了有的放矢地提供援助，不妨采取这样的办法：将来援助国给受援国提出两个条件，一要限制军费开支，二要通过计划生育节制人口。不过，出于意识形态和政治方面的原因，这两个条件在大多数国家——无论是援助国或是受援国，都很可能会遭到反对。

总体上讲，看来今后几十年内对发展中国家原则上不会普遍地增加援助。在一个长时期内，将按各国具体情况区别对待，很可能还是要依发展中国家的重要性而定。中国这个最重要的发展中国家将扮演重大的、不断增强的角色；接下来是印度。大多数非洲国家和拉美国家可能将继续穷于应付国内问题，而巴西完全有可能在世界政治和世界经济中增强自己的分量，墨西哥则可能最终投靠美国。发展前景不甚明朗的是许多伊斯兰国家，尤其是中东地区的伊斯兰国家。

不能指望发展中国家的外交政策会出现共同的趋势。今后数十年，它们之中的大多数仍将靠边站。在做出重大的方向性决定时，它们只能被动地而不是积极地参与。当然，由于亚洲和拉美的发展中大国和新兴国家经常爆发金融货币危机等原因，即使在将来也会时不时地发生全球性的曲折变化。

欧洲困难的自我捍卫

在大多数中国人或日本人、印度人或波斯人、阿拉伯人或非洲人看来，欧洲似乎是以一个单一的、相互关联的文明为特征的。但实际上，欧洲有 30 多个民族和国家。同样，也存在着几乎同样多的语言，其中大多数都有 1000 多年的历史；关于不同民族的历史和传统的描述更是不计其数。1000 多年来，欧洲各国相互征战。20 世纪两次世界大战的策源地就在欧洲。而在这之前的几个世纪里，欧洲国家曾向全世界传布过帝国主义——先是西班牙人、葡萄牙人、荷兰人，然后是英国人、法国人、俄国人、比利时人，最后是德国人。

如果亚洲人或非洲人熟悉欧洲各国这种血腥的战争

史，那么，他们对今天25个国家居然联合在一个欧洲联盟里一定会感到惊异。确实，欧洲联盟是令人惊奇的——特别是每一个成员国的加入都是出于自己的决定。在迄今为止的世界历史上，还没有过许多国家自愿放弃它们部分国家主权的情况。

当然，如果没有共同的文化土壤，欧洲联合是不可能的。基督教是欧洲共同的宗教，虽然它有不同的特点。欧洲存在着一个丰富而共同的科学和哲学宝库，虽然是用不同的语言传承下来的，但都是用的拉丁文字。各国都实行教会和国家分离，即政教权力分开。在过去的几个世纪里，启蒙思想几乎在所有地方取得了胜利。还有一个共同的法律文化，即基本权利和司法独立的文化，以及共同的、以宪法国家和民主制度为标志的政治文化。此外，还有共同的营业自由、私有财产、市场导向以及通过福利国家保障安全的经济文化。所有这些共同点，几个世纪以来都在欧洲的文学、艺术、建筑和音乐等上层建筑里面反映出来。从希腊到芬兰，从西班牙到波兰，我们都可以找到这种共同发展起来的文化遗产。

当然也有一些例外。最大的例外是俄罗斯人。他们虽然为欧洲的文学和音乐做出了重要的、普遍受到高度评价的贡献，但对其他方面的发展所做的贡献却很少。乌克兰人、巴尔干半岛的若干民族以及高加索以北和以南的几乎所有民族——更不用说土耳其人了——做出的贡献也很少。确认这一点，并不意味着不尊重这些民族和不尊重他们在历史进程中发展起来的不同文化。不过，那些致力于欧洲一体化，致力于建立一个具有行动能力的欧洲联盟的政治家们，在考虑欧盟今后扩大的时候，应当意识到这些重要的区别。

第一个宣告欧洲一体化的是维克多·雨果。1849 年 8 月，他作为巴黎一次国际会议的主席，在一篇伟大的演说中提出要求建立“欧洲合众国”。雨果的出发点是维护欧洲各国“光荣的个性”，并希望将这一个性保持下去。与此同时，他也希望——在普选权的基础上——为整个欧洲建立一个共同的自主的议会；他甚至提出了建立一个共同市场和一个仲裁法院的思想。过了将近 100 年的时间，直至经历了若干次灾难性的战争之后，另一位伟大的欧洲人再次提出了这一思想。1946 年，温斯顿·丘吉尔在苏黎世发表了一篇战略性演说，阐述了法国人和德国人应当和解的必要性，并建议成立“欧洲合众国”（当然，英国不加入这个合众国）。又过了四年，直到1950年，随着“舒曼计划”的提出和煤钢联营的建立，才有了真正的开端（罗伯特·舒曼当时是法国外交部部长，“舒曼计划”的精神鼻祖是让·莫内）。

当时，对迈出这个空前的第一步起决定性作用的是两个战略动机：一是构筑一道阻止迫在眉睫的苏联帝国主义扩张的屏障——为此需要德国人；另一个是持久地拴住德国人。当时仅仅是指人口不到5000万，但可以预见到将要重新崛起的西德。建立一道针对苏联的屏障这个必要性，随着苏联的解体而成为多余；将来我们也不需要建立一个针对俄罗斯的屏障。而持久地拴住德国人这个动机，在整个21世纪仍然具有重要意义，1990年德国重新统一之后更是如此。

早在20世纪50年代，人们已经意识到，仅仅建立一个煤钢共同市场从长远看是不够的，还需要建立一个适用于所有商品和服务的共同市场。这一认识导致了墨西拿会议和1958年的《罗马条约》。[①] 这时起决定性作

① 墨西拿是意大利西西里岛上的一个小城，1957年法、德、意、荷、比、卢六国领导人曾在此开会，决定建立欧洲经济共同体和欧洲原子能共同体。1958年1月在罗马签订条约，简称《罗马条约》。——译注

用的是这样一个前景，即通过建立一个共同大市场可以取得经济好处。这个动机今天仍然适用，将来也会保持下去；美国人把它称之为大规模经济的效应。这个经济动机也是推动后来一系列国家加入欧盟的决定性动机，比如20世纪90年代芬兰、瑞典和奥地利三个中立国的加入就是这样。1992年建立共同货币的决定，也是基于建立共同市场所带来的经济利益，因为共同市场如果没有一个统一的货币，不啻为一种自欺欺人之举。

从1950年的“舒曼计划”到20世纪90年代，参加欧洲联盟的国家逐步增加。创始国是法国、德国（西部）、意大利、荷兰、比利时、卢森堡；70年代初，英国、丹麦和爱尔兰加入；接着，结束了独裁政权的西班牙、葡萄牙和希腊于80年代加入；1995年，三个中立国家终于也加入进来。

从6个增加到15个主权国家的扩大过程是困难的，因为总是有民族利己主义和各种偏见不断地起着阻碍作用，必须平衡许多利益冲突。这些危机最后得以克服，是因为欧盟扩大及其内涵和机构上的深化都是逐步进行的。

当我在20世纪50年代成为欧洲议员的时候，议员们是由每个国家的议会通过决议集体派出的；今天，则是在全欧洲同时由各国公民选出。这说明，欧洲议会的影响和权力增强了。当我们在1979年建立欧洲货币体系（EWS）的时候，埃居只是作为共同标尺的参考货币，支付手段仍然是各国的国家货币。各国的国家货币可以协商一致地改变其对埃居的兑换值，负责货币政策的仍是各国的中央银行。今天，人们支付的是欧元，负责货币政策的是欧洲中央银行。欧洲煤钢共同体变成了欧洲经济共同体和欧洲共同体，最后是欧洲联盟。数以百计的小步子和几十个较大的步子，使欧洲一体化至1992年达到了10年前没有人能预料到的程度。

但这时苏联的威胁消失了。美国几十年来对欧洲联合一直持赞许态度并给予帮助；大西洋联盟在做出外交战略决策时吸收欧洲各国政府参加，从而也促进了欧洲的一体化。但现在美国的霸权要求强化了。还是在1990年，如果没有老布什政府谨慎的外交政策，法、英两国反对两个德意志国家统一的阻力是难以克服的。如果弗朗索瓦·密特朗和玛格丽特·撒切尔反对德国统一成功的话，就不能排除欧洲共同体一体化进程终结。如果没有老布什和戈尔巴乔夫，没有他们所希望的“2+4”条约进程——先让两个德国谈判，然后由1945年的四个战胜国谈判——欧洲将走向一次严重的危机。但是到了2003年，亦就是不到15年之后，小布什政府却企图分裂欧洲国家共同体，并且挑唆“新欧洲”反对“老欧洲”。

回过头来看，1992年是迄今为止欧洲联合的高峰。这是决心实行共同货币和邀请一系列昔日的共产党国家，首先是波兰、捷克斯洛伐克和匈牙利加入欧洲联盟的一年。与此同时，从这个时候开始，出现了越来越多严重的疏漏。欧盟机构及其主管权的分配以及欧盟的程序规则和财政规则是按照6个成员国的意愿制定的，对于一个由9个成员国组成的欧盟还勉强凑合；而对于由12个最后到15个成员国——而且每个成员国在每个问题上都有否决权——的联盟来说，这在总体上显然是不够的。成员国政府首脑和部长们没有及时地认识到这个欠缺。当他们终于意识到这个疏忽的时候，他们又没有表现出有能力设法补救。自1992年《马斯特里赫特条约》以来，他们虽然又在阿姆斯特丹、尼斯[①]和罗马/布鲁塞尔开了三次政府会议，耗费巨大，成效却几乎等于零。

尽管如此，人们还是邀请了12个其他国家加入欧盟——后来又邀请了土耳其，虽然是有条件的、不明确的。一个过于积极的执行机构——设在布鲁塞尔的欧盟委员会，使入盟谈判进行得如此顺畅，以至于2004年春天10个新增加的成员国果然庄严地被吸收入盟了，虽然欧盟机构改革对现在的25个成员国来说，如同12年前对当时只有一半的成员国一样是不充分的。比如今天的执行机构由25人组成，实际上委员会只需15个人就已经完全足够。现在由于有了一个宪法草案——该草案是由一个在现行有效的条约中没有依据的制宪委员会，特别是由其主席吉斯卡·德斯坦拟定的，要改变这些机构和程序，必须通过所有25个成员国批准。这样，要使宪法生效，还需经过几年时间。欧盟自1992年以来持续存在的停滞状态，暂时将不会改变。

2002～2003年，在围绕美国攻打伊拉克问题展开的争论中，华盛顿、伦敦和马德里的政府企图从外交上分

① 法国南部城市，欧盟首脑会议曾在此举行。——译注

裂欧盟。另外6个成员国和若干候选国的政府加入了它们的行列。不论是布莱尔还是阿斯纳尔或者贝卢斯科尼，都没有在欧洲共同体政府首脑理事会上为达成共同立场而做出认真的努力，但希拉克和施罗德也没有这么做。前者无条件地支持美国并派出了自己的武装力量，后者则造成了一种假象，似乎他们同普京组成了反对美国的临时联盟，并且给人一种印象，似乎他们要监护欧盟其他成员国。虽然几乎所有成员国在过去几年中都发表过关于共同外交和安全政策的宏伟演说——德国外长甚至梦想建立一个共同的欧洲政府，并且任命了西班牙人索拉纳为欧盟外交政策的发言人，但现在所有这些宣言都不过是空谈而已。

21世纪初，欧盟处在一个深刻的危机之中，这不仅表现在机构和外交政策行动能力方面，而且同时也表现在经济和社会福利结构方面。在今天的25个成员国中，大多数国家存在着异常高的结构性失业，这主要是由于国家过度干预和官僚主义化，以及哗众取宠的工资政策和部分扩大的社会福利支出所造成的。荷兰和丹麦是通例中的突出例外。在所有成员国里，老龄化和社会萎缩同时发生。由此必然产生的后果，公众只会很缓慢地意识到。迄今，没有一个政府认真地得出结论。大多数当权者——包括布鲁塞尔委员会大多数成员——把欧洲共同的失业问题特别是福利国家的支出问题看作是一个周期性的景气问题。他们把希望寄托在以景气繁荣为表现形式的更大的经济增长上面；但即使这种景气繁荣出现，也不会改变结构。各国政府和议会只是犹豫不决地着手结构改革，因为改革是不受欢迎的，要付出选票代价。布鲁塞尔委员会对成员国社会经济结构的现代化只有很小的影响，而他们提出的建议大多又只会导致额外的干预。

2004年，10个国家特别是波兰、匈牙利和捷克共和国的加入，使欧盟人口数量增加了20%，而共同的国民生产总值却只增加5%。10个新成员国的人均产值只及15个老成员国人均产值的一半。当然，新加入的政府希望通过参加共同市场得到更好的经济机遇，特别是期望得到财政援助。但是，它们的希望只能缓慢地实现，它们的期望只能小部分得到满足。像爱尔兰自1973年、希腊自1981年、西班牙和葡萄牙自1986年所得到的那种规模的财政援助实际上已经是不可能的了。提供这样的财政援助，需要老成员国承受可观的财政损失或者大大地提高税收。因此，失望是不可避免的。尽管如此，新加入的国家由于加入了共同市场以及由于服务和劳动力的自由流动，在今后 10 年内将得到可观的经济好处。而由于它们几乎全都是以相对低的国民生产总值和相对低的生活水平为起点的，它们的平均经济增长率很可能高于欧盟老成员国。

谁认识到目前欧盟所处的危机状况，就必须认为，在考虑进一步扩大之前，需要一个较长时间的间歇。首先必须解决现存机构、经济和政治方面的缺陷。因为欧盟的失败或者缩小成为仅仅是一个自由贸易区，现在已经不再是不可想象的。如果贫穷的巴尔干国家或者土耳其很快地加入，将严重危及欧盟的财政支付能力和内部团结。就土耳其而言，除此之外，还不仅应当考虑它在文化上同欧洲的很大差异，而且还要考虑土耳其在文化上同亚洲和北非穆斯林的血缘关系。不仅如此，土耳其还将是人口不断增长的唯一成员国。这个国家目前的人口已几乎达到 7000 万，21 世纪末很可能达到 1 亿。这意味着几十年以后，土耳其将成为欧盟中人口最多的国家。

从英国的角度看，土耳其和其他新成员国的加入完全是值得欢迎的，因为伦敦不反对欧盟退化为一个自由贸易区。恰恰相反，英国加入欧盟并非出于信念，不是认识到加入欧盟符合英国的战略利益，而是为了保持英国对欧洲发展的影响。这个动机对麦克米伦、威尔逊、撒切尔以及布莱尔首相是决定性的，只有爱德华·希思是个例外。英国选民的多数与其首相们相似，思考问题时带有一种岛民的感情，他们宁愿更多地仰仗美国，而不愿意放弃哪怕是小部分主权。正因为如此，英国也没有加入共同的货币欧元。不能期望伦敦会采取主动来克服这个停滞危机，因为从英国的角度看，停滞状态是不危险的，而每一个走向更多一体化的步子却是不可取的。

可以预料，在今后几年内，波兰、捷克共和国和波罗的海国家也会持类似的态度，尽管表现得不是那么强烈。如果说波兰民族在可预见的将来不得不在美国和欧盟之间做出抉择，那么，它将会做出有利于美国的决定。一个民族在苏联的压制和占领下——之前受希特勒德国的压迫和占领——遭受的苦难越多，这个国家倾向于美国的态度就越明显。

至于西班牙和意大利，阿斯纳尔和贝卢斯科尼违背本国多数人的意志在伊拉克战争中站在美国一边，这更多是出于他们个人的机会主义，而显然不是出于深层次的感情。从长远来看，一旦欧盟的政策同美国的政策发生冲突，那么，可以估计到，意大利和西班牙出于其自身的战略利益，将把欧盟置于美国之前。这也适用于荷、比、卢三国，当然很明显也适用于法国和德国。

最早引导法国人同其德国邻居开始和解的是夏尔·戴高乐。罗伯特·舒曼和让·莫内、瓦·吉·德斯坦和夏克·德洛尔为欧洲一体化铺平了道路，并使其取得惊人的成就。很多必要的步子是在法国倡议下采取的。法国的政治阶层比其他欧洲国家的多数政治家更早地认识到，一体化符合自己的民族利益。抵御苏联共产主义的扩张势力和拴住德国这个愿望，作为动机在这方面所起的作用与后来借共同市场取得经济好处的作用一样。今天，法国政治阶层中占有主导地位的认识是：鉴于全球面临的各种危险以及面对美国的霸权地位，欧洲国家只有联合起来才能有自保的机会。所以，不再是维克多·雨果的理想主义，而是对法国利益的理性认识指导着法国国家领导人的行为。

法国想拴住德国，然后同其他邻国一道，共同对付外来的危险。这一战略被德国——先是在康拉德·阿登纳领导下，后来在我自己和赫尔穆特·科尔领导下——所接受并成为我们自己的战略。德国由于其20世纪上半叶的历史，以及它处于异常多直接邻国包围的地理位置，从其战略利益考虑，比法国更需要依靠一体化。开始时德法公众舆论多数持怀疑和观望的基本态度；经过40年的时间，先是逐步相互接受，最后变成了两国相互持完全友好的态度。法国总统吉·德斯坦和密特朗同德国两位联邦总理那种每个人都可以看得见的、经常是示威性的紧密合作为此做出了贡献。除了1989~1990年那12个月，即德国重新统一先是显示出有可能，不久之后变成了现实的那段时间，其他欧洲国家的政治家以及华盛顿和莫斯科的负责人都已经明白，任何想挑唆巴黎反对波恩的企图都将以失败告终。上面提到的那个时段，也相当快地被克服了。

事实上，直到1992年，在欧洲一体化道路上取得的大多数进展是巴黎和波恩（后来为柏林）的当权者共同完成的，其中通常是法国总统拥有领先权。当然，这40年中也不得不努力克服种种挫折，而且还必须始终考虑到其他成员国的政府对巴黎—波恩双驾马车抱有的怀疑态度。

回顾起来，当年在德国公众舆论中引起激烈争议的北约“双重决议”① 很可能具有最重要的意义。1979年，法国、英国和德国的政府首脑一起得以说服美国总统卡特做出这个决定。8年以后，该决定导致了裁减中程核导弹的协议，这是我们一开始就期望得到的结果。它开始了结束东西方冷战的进程。2002～2003年，小布什总统的霸权要求及他对伊拉克的战争使巴黎和柏林的紧密合作重新恢复了生命。

在这期间，2004年欧盟在法律上完成了增加拥有近7500万人口的10个新成员国的程序之后，欧洲形势发生了重大的变化。财政政策上能给新成员国提供援助的

---

① 1979年北约在德、法、英三国敦促下做出“双重决议”，内容是要求苏联削减针对欧洲的中程导弹，否则北约亦将在中欧部署针对莫斯科的中程导弹。——译注

活动余地明显地受到了限制。一则是由于欧盟的经济增长率大大低于中国、印度或者美国。此外，德国重新统一后的经济规模虽比法国、英国和意大利大了三分之一，但德国的国民经济出现了病态，因为它每年要把国民生产总值的整整3%用于改善前德意志民主共和国居民的收入（养老金、失业金等）。这对普遍的消费需求虽然起了一点支撑作用，但没有能在德国的这一地区导致真正的经济增长。由此而造成的德国经济的缓慢发展，对于通过共同市场和共同货币同德国联系在一起的欧洲其他的国民经济明显地造成了压力。

围绕伊拉克战争以及如何解决这场战争造成的非常难以看清楚的后果所产生的严重分歧，以及暂时还没有解决的欧盟宪法问题，进一步使欧盟的前景今天比过去几十年中的任何时候都显得更加不明朗。

对于未来的发展，有多种可能性可以设想：

1. 最不利的情况是目前这种状况持续下去，其结果是欧盟逐渐沦为一个有少数额外机构的自由贸易区。但即使在这种情况下，共同的市场和共同的货币仍将起作用。因为成员国中没有任何一国可以经受得起因退出这些组织而不可避免地招致的巨大损失。即使是没有加入共同货币的英国，也只有在异乎寻常的情况下才能退出共同市场。欧元无论如何仍将是世界经济的第二大货币。它将成为欧洲各参与国的一个共同资本市场，并且由此而使参加欧元的国家相互加强经济一体化。因此，其他一些欧盟成员国很可能会愿意加入欧元。然而，欧盟奉行共同的外交与安全政策将是不可想象的。更大的可能是美国较长期地在很大程度上主导欧洲国家的外交与防务政策。

2. 对欧洲稍为有利一点的发展——即使欧盟宪法或基础条约不能生效——是一些紧迫问题得以协商一致地获得解决。比如说，将来的理事会可以在某些领域以特定多数做出决议，而不再像今天那样必须一致通过。值得欢迎的还有：协商一致地分配成员国的表决权利，限制委员会的任务和权限以及欧洲议会今后对欧盟所有法律（及类似的规章）有全面的批准义务。即使在这种情况下，也不会有共同的安全与外交政策，对移民问题、能源政策及气候影响等问题很可能也不会有共同的态度。但不管怎样，扩大共同市场以及共同调控金融市场、银行和金融机构毕竟还是可以设想的。

3. 与上面简要叙述的可能性相比，通过欧盟共同宪法或签订一个基础条约自然是远为值得优先选择的前景。如果一个或多个国家拒绝批准宪法（比如公民投票出现否定结果），有可能出现一种与目前的停滞状态类似的形势。这可能导致一些成员国退出，甚至导致欧盟分崩离析。但是，如果宪法得以成功批准，估计可以在几十年内确保欧盟有行动能力。不过，这种行动能力只在例外的情况下才会延伸到外交和世界政治问题上。要想形成全面的共同外交与安全政策，可能需要几十年时间。因为不可能设想，法国和英国会放弃它们对自己核武器的国家主权或者放弃它们在联合国安理会的否决权（德国出于国家面子而要求获得常任理事国席位，也会产生同样的效应）；同样不可想象的是，所有成员国会放弃它们的外交部和它们在全世界的外交代表机构。虽然一个共同接受的宪法将提供最好的条件，使欧盟至少先是在所有经济领域有效地维护欧洲的利益，并进而在某些其他领域保住自己。

上面提到的发展中，不管出现哪一种结果，在日常的工作实践中，欧盟内部估计会形成一个核心，它肯定包括法国和德国，很可能也包括其他几个创始国家：意大利、荷兰、比利时和卢森堡。可以设想，这种发展先是完全无形的，但符合有效的条约（或者宪法）。迄今有效的条约明确地规定，各成员国之间可以进行更为密切的合作。比如，这已经在共同货币这个高度重要的问题上付诸实践了——目前有 3 个老成员国和 10 个新成员国尚未加入共同货币。这同样也表现在《申根协定》上，该协定大大限制了对人员的边境检查。法国总统和德国联邦总理保持密切的个人接触也完全符合欧盟的规定。可以设想，德国和法国——以及其他欧盟成员国——在国际货币基金组织和世界银行里，甚至在联合国大会上，把它们的投票权事实上捆绑在一起，以便在那里代表共同拟定的立场并共同投票。

从法国和德国的民族利益考虑，两国和两国政府保持紧密的合作在将来也是必需的。两国中任何一方都不可能在欧洲找到一个更有分量的、在民族利益和政治文化方面很大程度上一致的伙伴。当然，这在根本上取决于有关领导人的意愿、所选择的语言和举止表现，取决于他们在本国公众舆论面前——以及在自己的执行机构面前——有多大的说服力和贯彻力。

官僚机构总是顽强地为其地位和特权而奋斗。今天人们从20世纪70年代的档案中可以看出，当法国总统和德国总理确信早已取得原则一致的时候，巴黎和波恩的外交官和官员们为了物质上的、人事上的乃至国家面子上的好处，仍在坚韧不拔地进行讨价还价。在渴望轰动新闻的媒体无所不在、不保密的官员和政治阶层喜欢饶舌的时代，如果外交官们搞成《欧洲宪法草案》，那将是一个小小的奇迹。与此不同，由政治家组成的制宪委员会先是公开地进行辩论，然后才由外交官和官员们就许多小的更改进行讨价还价——当然总是以国家利益的名义进行的！

归根结底，欧洲自我捍卫的能力与其说决定于欧洲政府的共同斗争，倒不如说更多地取决于它们对美国影响的依赖程度。欧洲联盟将在几十年内不会成为美国超级大国的“对立力量”。而且，美国也会做出努力，不让欧盟过于强大起来。华盛顿这样做的时候，依靠的是北约组织并将借北约组织来阻止欧洲国家建立自主的防务能力。在这方面，美国可以指望同英国进行很长时间的紧密合作。同波兰以及最近加入北约的其他东中欧国家合作，也符合美国的心意。对于华盛顿的帝国主义势力来说，这正是推行分而治之政策的天赐良机。其中，财政援助对一些国家也将起作用。

美国越少像 2002 年和 2003 年那样对欧洲采取蔑视的态度，在世界政治中越少表现出目前那种明显的黩武主义，它对欧洲施加影响的可能性就越大。反之，在必须由美国负责的伊拉克和中东局势的背景下，如果华盛顿示威性地坚持拒绝《京都议定书》，反对签署《禁止地雷条约》，拒绝国际刑事法庭等，特别是坚持有权进行先发制人战争，同时又拒绝接受多边约束，必将削弱美国对欧洲公众舆论的影响。其结局如何，目前尚难预料。

但是，可以相当肯定地说，欧洲联盟将因其共同市场和欧元而变成一支世界经济力量——即使英国退出，也会是如此。大约 30 年后，将形成由欧盟、美国和中国组成的世界经济三角——也包括它们的三种货币——这是美国无法阻止的。但在政治和军事领域，欧盟将不会成为一个世界大国。美国根本无须阻止欧盟发展军事实力，因为欧盟没有值得一提的自卫问题。比较而言，欧洲几乎没有一个国家有兴趣扩军。至少在几十年内，欧洲的军事实力将比美国落后好几个等级。加之由于目前欧洲各国老龄化迅速发展，两大洲之间活力上的差距也是预料之中的事。简而言之，欧美之间发生实力政策竞争的设想是无稽之谈。

有可能但决非肯定的是，大多数欧洲国家会在21世纪上半叶形成一个对外有行动能力的联盟。尽管这样一种发展在1992年比今天更有可能，但我仍然估计它有50%以上的可能性。作为让·莫内的学生，我知道欧洲一体化的进程只能逐步地取得成就。危机和挫折是正常状况的一部分。

由于欧洲的民族国家都属于世界上的小国或中等国家，由于它们既不是世界强国也不是大国，它们必须依靠国际法和世界范围的多边条约体系，特别是联合国和《联合国宪章》。它们将在这个意义上对自己的伙伴施加影响，包括最需要对美国施加影响。超级大国美国需要欧洲人的批评，同时也需要欧洲人的理解。如果目前美国的政治阶层和政府不那么喜欢倾听意见并做出回答，那么，美国人仅负一半的责任，另一半是欧洲人的过错，因为他们没有能够用一个共同的声音说话。

欧洲古老的民族同合众国这个年轻的民族之间取得谅解是重要的，但它不是欧洲人最重要的任务。欧洲大陆的未来将取决于这样一个问题：欧洲是否能够解决自己家里的巨大问题和困难。因为相互间不统一，执拗于民族利己主义，将使欧洲各国人民没有足够的力量应对21 世纪威胁欧洲的各种危险。

结尾的思考

来自一个德国欧洲人的视角

在本书的开头，我勾画了一幅阴暗的图景。在本书的结尾，情况怎么样呢？难道所有的预测果真都指向一个不确定的未来吗？或者，尽管有种种言之有理的怀疑，还是有理由抱有信心？我曾试图把今后几十年全球发展中可以看得见的若干趋势清楚地描绘出来，并为由此产生的问题找到答案。大部分问题在本书的结尾仍然是没有答案的，只有少数几个问题可以被认为是确定的——比如美国将继续保持关键地位，中华人民共和国的意义将日益增长。与此相反，欧盟的前景是不确定的。前景不确定的还有非洲大陆、西方与伊斯兰世界宗教的未来关系以及中东的未来。最后，国际法制秩序的未来发展，特别是联合国的前途，也是不确定的。

大量的不确定性必然会使我们产生悲观主义吗？我并不这样认为。因为人们历来不能预见历史的进程，未来总是不确定的。特尔斐[①]的预言始终是模棱两可而需要解释的，希腊人并没有因此而成为悲观主义者，相反，他们创造了无可比拟的艺术和哲学。《新约全书》结尾的《约翰启示录》中宣布的世界末日绝没有使基督教陷入悲观主义。悲观主义、伤感情绪或者恐惧心理，部分是出于天性，多数则由于个人的生活经验所致。如果中国人、俄罗斯人、德国人或者日本人在第二次世界大战结束时因为受到骇人听闻的破坏而陷入悲观主义或者恐惧，那么他们就不可能成功地重建他们的国家。波兰人和匈牙利人的自我解放以及前民主德国和中东欧国家人民的起义也不是悲观主义者的成功。当然，这种悲观主义者在任何时候、任何民族中都是会有的。

在一个民主的法治国家里，对于一个意识到自己政治责任的公民来说，悲观主义是一种无用的基本态度——之所以无用，亦特别是由于今天的世界形势。那么，对于一个必须行动并对自己行动的后果负责的人来说，乐观主义是否就是一种值得推崇的准绳呢？对此，我也持

---

① 希腊的城名，阿波罗神殿所在处。在古希腊神话中，神从这里发出预言。——译注

怀疑态度。因为，乐观主义可以导致错误的判断、掉以轻心，甚至是轻率。美国政府在2003年春那种毫无根据的乐观主义，以为通过一场对伊拉克的战争就可以使中东走向民主，以及这次行动的失败，就是一个说明问题的例证。21世纪初世界的状况没有提供可以全面乐观的理由。

对于一个要为别人负责的人来说，乐观主义和悲观主义都不是有用的指针。一个执政者所需要的更多是现实主义、聪慧的理性和判断力。他需要有分寸感、自我克制、深思熟虑、容忍和妥协精神；他必须具有维护自由的意志和勇气，有主持正义和捍卫和平的意志；他必须始终意识到自己的责任，意识到自己对本民族和国家的责任以及对别的民族和世界福祉肩负的责任。一个政府如果缺乏乐于助人的意愿，就很容易陷入民族利己主义。团结感和博爱对每一个执政者来说应当是理所当然的事。除了这些品德之外，一个执政者肯定还需要干劲和能量——但是干劲和能量不应当盖过品德。

对执政者来说，个人的权力和个人的威望以及国家的权力和民族的威望往往是一种巨大的诱惑。在过去的两个世纪里，太多干劲十足的国家领导人和执政者，甚至是整个民族，在这种诱惑面前倒下了。虽然21世纪初再次发生世界大战看来是非常不可能的，但是，许多局部的和地区的冲突将扩大为战争和内战。世界唯一的超级大国只能阻止其中少数的战争和内战。

美国不可能既持久地保证世界稳定，同时又沉醉于神圣的民族利己主义。在可预见的将来，问题不再是美国的霸权是否存在，而是这种霸权如何被利用。40年前，当时的参议员威廉·富布雷特曾在一本聪明的书中告诫他的同胞们要提防“实力的傲慢”。当时，美国是两个出众的超级大国之一。今天，独一无二的实力地位诱使美国采取帝国主义的举止。回到孤立主义是不大可能的。但由于美国绝不是不可伤害的，唯一的超级大国为了自身的安全利益，也需要同其他许多国家合作。

美国的大树也不可能长到天上去，美国也会遭受失败。这个国家只有在遭受失败之后，才会在痛苦之余纠正其错误。与大多数欧洲人相比，美国人不大注意意识形态，而是——例如比我们德国人——要实际得多。期望美国纠正错误将需要时间，但很可能比我们欧洲人成长为具有行动能力的联盟所需的时间要少，如果我们能够成功地建立起这个联盟的话。

对于世界来说，具有决定性意义的是：美国是否遵守国际法规则——可能是修改了的或改进了的规则——或者它是否觉得不受这些规则约束，而只按照自己的判断行事。即使没有一个国家能够阻止美国无视现行有效的条约和条约体系及《联合国宪章》，所有其他的世界强国以及亚洲和欧洲的所有国家都会迫切关心国际法所具有的不受限制的有效性。

这一点肯定适用于中国。中国在21世纪今后的进程里将获得与美国相同的意义。在未来几十年里，如果低估这个巨大的发展中国家在世界政治和世界经济中日益增长的重要性，将是不明智的。对中国必须尊重，必须同它进行合作和开展交流。这一点，大多数欧洲国家比日本和美国理解得早，理解得好。即使在中美发生争论和冲突时，它们也不应该离开自己这种积极的态度。

如果以为，仅仅中国人是受益者，而发达的工业国家是施舍者，那是错误的。因为中国人的智商、善学和发明才能与欧洲人是同等的，他们的劳动道德则优于欧洲人。我们很快就会发现，我们必须向中国人学习一些东西。这一点，在不同程度上可能也适用于东亚的其他国家和印度。在外交、经济和科学领域进行国际合作，不是欧洲人的慷慨施舍，更不是仁慈，而是我们自身利益之需要。这一点同样适用于与俄罗斯的合作。

早在20世纪，亚洲和欧洲迅速增长的人口密度已经导致了民族、宗教和种族冲突。在21世纪，人口爆炸将继续，因此，特别是以宗教为动机的战争和内战将对历史的进程产生强大影响。目前最令人担心的伊斯兰恐怖主义是私人战争和内战相结合的混合体。但只有在地区限制的例外情况下，人们才可以指望单靠警察和军事手段就能够成功地打击恐怖主义。

在原则上和实践上有目共睹地承认伊斯兰教是与基督教和其他宗教团体平等的世界宗教，至少是同样必要的。如果我们欧洲人，特别是德国人、法国人、西班牙人和荷兰人不能做到这一点，我们国内就可能发生危险的冲突。因为在这期间，已经有数百万穆斯林生活在我们的城市里，他们常常像犹太人那样聚居在某些居民点。对由此而产生的信奉伊斯兰教的外国人同当地人的敌对情绪，我们花了九牛二虎之力才得以控制。除此之外，在欧洲的邻近地区，在中近东和北非，生活着数亿穆斯林，而宗教激进主义力图对他们施加影响。因此，欧洲政界、思想界和知识界的精英必须有意识地做出努力，说服自己的民族懂得在宗教和文化上相互容忍的必要性。

同时，欧洲必须就共同的移民政策做出决定并加以实施。在不同宗教信仰的人群中特别容易产生敌对和仇恨，这一事实在决定今后吸收以穆斯林为特征的国家加入欧盟的时候，必须成为衡量问题的标尺。谁要是认为，通过移入不同文化的人员可以弥补和解决欧洲因出生率下降而产生的巨大问题——比如福利国家的未来及其财政收入问题，只能给欧洲雪上加霜。

一方面要把欧洲联盟限制在同一文化圈的人民之间，另一方面要对其他的宗教和文化采取可以触摸的容忍态度。同时遵循这两条原则并不是一项不能解决的任务，但却是对今后几十年提出的一项崇高的道义义务。大多数欧洲国家迄今不了解这样一项任务，我们在这方面缺乏实践。正因为这样，今天必须要求欧洲的精英和执政者做出榜样。

欧盟各国绝不应当把迫在眉睫的同伊斯兰的冲突看作是不可避免而加以接受。因此，他们应当避免用武力干预正在燃烧的中东冲突，除非他们自己受到了攻击。由于不结束以色列—巴勒斯坦冲突就不可能使这一地区平静下来，因此特别是对我们德国人——包括我在内——来说，必须竭力保持克制，因为人们常常不是指责我们奉行反犹主义，就是指责我们对反犹主义做了过多的补偿，这就使德国的卷入不能取得积极的结果。德国只能同其他国家，主要是同联合国合作，一起参与促进中东缓和与和平的行动，但决不要担当领导角色。

欧盟所有成员国都高度关心维系国际法，特别是《联合国宪章》及其机构。国际法绝不是完美无缺的，联合国章程及其安理会也不是完美无缺的。各个时期都有一些国家违反过现行国际法。近20年中，这种违反多次以所谓人道干预主权国家的方式出现——理由是出现了种族大屠杀，或存在种族大屠杀的危险，或者是为了遏制大屠杀的后果。20世纪90年代以前，人道干预的思想家们在美国的实践中没有起作用。但从那以后，越来越多的事例表明，在美国倡议下，先是进行武力干涉，然后在法律上或者事实上建立起保护国；随后美国人要求欧洲人和其他国家承担参与管理保护国的责任。

可以设想，将来国际法会对实行以人道主义为目的的武力干涉规定前提条件，比如由联合国做出决定并对其宪章进行补充。只要这一点还没有做到，《联合国宪章》也好，德国基本法也罢，以及“2＋4”条约，都禁止德国参与这样的人道主义干涉，除非在个别情况下联合国安理会做出了这样的决定。但安理会不能把参与义务强加给我们（北大西洋公约和北约组织更不能这样做）。

在巴尔干，我们同其他国家一起，已经违反了所有三项禁令。今天，特别是由于美国要求有权进行先发制人的战争，并且对伊拉克实施了违反国际法的进攻，人们不得不担心，世界政治中的权利将被剥夺。欧盟各国政府应该明白，参与违反《联合国宪章》的行动将使国际法被暴力所破坏。就德国来说，不仅是出于国际法和宪法的原因，而且也出于外交政策和心理上的考虑，必须极其小心谨慎。

德国应参与进一步发展国际法，同样也要参与联合国机构的建设和安理会的扩大。200 多年前，伊·康德在他生命结束时曾把逐步发展国际法定为我们的义务。为此目的，并非必须要在安理会里占据一个常任理事国的席位。如果两届德国政府先后提出了这一要求，那是出于追求虚荣的欲望，而不是从它们同时宣布的欧盟“共同”外交政策中得出的必然结论。参与每一个涉及战争与和平的具有世界意义的决定并必须为其后果承担责任，不是德国利益之所在。一些德国政治家、外交官和官员认为，德国要在世界政治中“扮演角色”，这种想法是不恰当的。

今天，德国外交政策中最重要的利益是克服扩大为 25 个成员国的欧盟目前所处的危机，然后使它不断地发展起来。各国越是更加紧密地融成一体，德国就越会感到安全和自由。欧洲各国越是把注意力集中于民族利己主义，处于地缘中心地位的国家每天与其邻国相处就越困难。几乎没有一个欧盟小成员国，更没有一个大成员国，比德国更加需要把自己置身于联盟之中。

一旦由于欧洲政治领导人的缺陷而导致欧盟缓慢地衰落，最后沦为仅仅是一个自由贸易区，那么，法国人，同样还有波兰人、荷兰人、捷克人及其他民族，就会感到比今天更不安全。因为：不仅是由于他们同德国关系中早已过去（但没有被忘记）的那段悲惨历史，而且，德国人口和经济规模远远超过所有其他欧盟成员国这一事实，都会使他们感到政治上把德国拴住是迫切可取的。将来统治德国的政治家越年轻、历史经验越少，他们了解我们邻居的利益诉求就越重要。

历史和地理给德国人提供了异乎寻常多的邻居。法国仍然是我们最重要的邻国，接下来就是波兰，之后才是所有其他国家。同所有邻国保持睦邻关系，对德国来说具有生存意义。

早在夏尔·戴高乐总统之前，法国人出于他们的民族利益，在很大程度上已经迎合我们德国人了。今天，半个多世纪之后，欧洲联盟已成为历史上独一无二的、完全出乎意料的巨大成就。但是，欧盟要在外交上具有行动能力，还需要经过几十年时间。到那个时候，联盟内部可能已形成一个核心，这个核心没有法国和德国是不可能的。缺了法国和德国，欧盟的完善是不可设想的。但是，如果没有欧盟，欧洲各国单靠自己不可能指望在

21 世纪应对来自外部的、威胁这个大陆的各种危险而达到自保。如果每个国家各自为政，欧洲人在最好的情况下只能是在美利坚帝国的屋檐下确保其安全，但不能保持他们的自决权。

今天，这些认识不是——或者更确切地说，还没有——被所有欧洲的政治家都接受。政治家们是由公民选出来的，而为了能被选上，政治家们将适应本国公众舆论的气氛。尽管气氛会发生变化，但在德国和法国，主张欧洲一体化的气氛一定程度上还是稳定的。这当然更多是指基于原则性认识的一种笼统的赞成。与此不同，公众舆论往往只是偶尔注意到在欧洲宪法或欧洲基础条约中需要回答的具体问题。由于选民多数对具体问题很少有明确的观点，政治领袖们在这些问题上实际上是很自由的。但是 10 多年来，他们没有利用这种自由以争取重大的进展。

1992 年以来，执政者们之所以有这种疏忽，原因在于他们害怕本国公众舆论做出利己主义的、只考虑国家声望的反应。而且，执政者们自己也没有充分地从这种态度中解脱出来。这里指的是一批政府首脑，包括希拉克总统及其不断更迭的总理，同样也适用于德国总理科尔和施罗德。1989 年以前，巴黎和波恩都有一种谋求一体化取得新进展的导向，比 1992 年以后的 10 年中要明确得多。直到 2002 年，反对美国准备攻打伊拉克的联合行动才使巴黎和柏林重新紧密地合作起来。

欧洲一体化进程中取得的每一个进展，都需要法国和德国充满信任地进行密切合作。如果不能进一步取得进展，迄今已经取得的进展将会受到危害，其中德国要比法国和其他国家受到的危害更大。今后的一体化也需要做出某些困难的妥协。政治是一种“争取可能的艺术”。今后几十年内，这一艺术必须本着欧洲团结的精神，加紧努力做出必要的妥协而又不损害本民族的特性。

不管欧洲人多么成功，从实力政策上看，欧洲联盟仍然不可能同美国竞争。因此，任何一个欧洲政治家不应无谓地去做这种尝试。今后也会有跨大西洋的利益冲突并出现紧张。过去 12 年中，特别是从小布什政府上台以来，这种紧张关系已经以几代人以来从未有过的规模加大了。毫无疑问，其根源和责任主要在美国方面，但欧洲方面也对关系的疏远起了某些作用。继续这样对立下去，甚至使这种对立进一步加剧，是不符合欧洲各国利益的。从长远看，也不符合美国的利益。美国应当明白：在可预见的将来，对于多数大陆欧洲国家来说，既没有战略上的也没有道义上的理由甘心情愿地屈从于已经可以设想的美国帝国主义，但欧洲人需要同美国做好邻居并进行合作。这两点对美国来说也只能是有益而可取的。

好邻居和合作需要经常加以维护。欧洲和北美都立足于启蒙思想的土壤并且拥有取之不尽的共同文明和文化遗产。如果我们容许这种共同的意识丧失，或者让我们共同的根枯竭，那么，大西洋两岸文化悟性的核心部分就会丧失。

不能从这个认识中得出这样的结论：欧洲人必须赞同美国的任何错误或者甚至追随这种错误。我们不应当退化为驯服的唯命是从者。即使美国在今后几十年内远比欧洲联盟更具有行动能力，即使美国在今后很长时间内继续保持其霸权地位，欧洲各国仍应保持自己的尊严。这种尊严建立在我们坚持对自己的良知负责上面。

由于21世纪世界人口将比过去任何时候更加稠密，

相互依赖性也将继续增加。而日益增长的相互依存意味着会有更多的冲突，这种冲突只能通过妥协才能解决。容忍和妥协意愿明天将变得更加重要，虽然在过去也是重要的。任何人，任何个人和国家，都无权只坚持自己的利益和要求。正如我们每个人一样，任何一个民族也要对别国负有义务和责任。

作者介绍

赫尔穆特·施密特

德国前总理，德国和世界政坛备受尊重的前辈政治家。

施密特1975年应周恩来之邀来到中国，结识了毛泽东，是第一位访问中国的德国总理，也是唯一一位与毛泽东见过面的德国总理。他从政期间，积极促成德国与中国的建交。

1990年5月，他作为西方国家制裁中国后的第一个欧洲政治家访问了中国，并同邓小平进行了私下谈话。从毛泽东、邓小平，江泽民、胡锦涛，一直到今天的中国国家主席习近平——数十年来，施密特同北京领导人一直保持着密切的政见交换。没有第二个德国人像施密特那样兴致勃勃、持续不断地跟踪中国发展成为世界大国的进程。

在西方世界，施密特被认为是在经济政策上卓有建树的“伟人”，政治、军事上“杰出的战略思想家”。

赫尔穆特·施密特——早已离开了国家权力的中心，但他发出的声音依然备受世界的尊重，所做出的预言也仍然不断被这个世界印证。

他是资本主义世界的领袖，但没有哪个西方政治家像他这样关注中国的发展与进步，也没有哪个西方领导者如他一样客观地思考中国。

施密特还是一个很有艺术素养的政治家。他会弹管风琴和钢琴，是巴赫的忠实拥趸。他喜欢绘画，在他汉堡的住所摆满了各种画家的作品。

主要译者介绍

梅兆荣

中国驻德国前大使、中国人民外交学会会长、八届全国政协委员、资深翻译家。20世纪50年代末至70年代初，任党和国家领导人首席德语翻译。也是施密特先生的老朋友。

现为中国国际战略学会副会长、国务院发展研究中心世界发展研究所所长、上海复旦大学特聘教授、欧洲研究中心学术指导委员会主席。翻译并校订的著作有《西德外交风云纪实》《我的特殊使命》《施密特传》《政治局》《施密特：大国和它的领导者》《施密特：与中国为邻》《施密特：未来强国》。